Multilaterale ökonomische Sanktionsregime
der Vereinten Nationen

Albrecht Horn

Multilaterale ökonomische Sanktionsregime der Vereinten Nationen

Konzepte, Probleme, Resultate

PETER LANG
Frankfurt am Main · Berlin · Bern · Bruxelles · New York · Oxford · Wien

Bibliografische Information Der Deutschen Bibliothek
Die Deutsche Bibliothek verzeichnet diese Publikation in der
Deutschen Nationalbibliografie; detaillierte bibliografische
Daten sind im Internet über <http://dnb.ddb.de> abrufbar.

ISBN 3-631-51049-7
© Peter Lang GmbH
Europäischer Verlag der Wissenschaften
Frankfurt am Main 2003
Alle Rechte vorbehalten.

Das Werk einschließlich aller seiner Teile ist urheberrechtlich
geschützt. Jede Verwertung außerhalb der engen Grenzen des
Urheberrechtsgesetzes ist ohne Zustimmung des Verlages
unzulässig und strafbar. Das gilt insbesondere für
Vervielfältigungen, Übersetzungen, Mikroverfilmungen und die
Einspeicherung und Verarbeitung in elektronischen Systemen.

www.peterlang.de

Vorwort

Internationale Konflikte zwischen- und innerstaatlicher Art prägen das System der internationalen Beziehungen. Sie bedrohen den Weltfrieden und die internationale Sicherheit. Die Charta der Vereinten Nationen legt die völkerrechtlichen Prinzipien der Gestaltung der zwischenstaatlichen Beziehungen fest. Das System der kollektiven Sicherheit der Vereinten Nationen enthält Regelungen zur Reaktion auf Verstöße gegen diese Prinzipien. Das System der kollektiven Sicherheit bestimmt die Kriterien für kollektive Interventionen bei friedens- und sicherheitsbedrohenden Konflikten. Ökonomische und militärische Zwangsmaßnahmen bilden den Kern des Systems. Der Entwurf und die Realisierung multilateraler ökonomischer Sanktionsregime werfen eine Reihe konzeptioneller und operativer Probleme auf, welche die Funktionsfähigkeit und Wirkungen solcher Regime bestimmen. Das Buch versucht diese Probleme zu analysieren, gesammelte Erfahrungen auszuwerten und Vorschläge für die weitere Gestaltung der ökonomischen Sanktionsregime zu machen.

Leipzig, Januar 2003
Albrecht Horn

Gliederung

Abkürzungsverzeichnis _____ 9

Verzeichnis der Boxen/Schemata _____ 13

1 Internationale Sicherheitsregime _____ 15
1.1 Nationale und internationale Sicherheit _____ 15
1.2 Internationale Konflikte und kollektive Interventionen __ 17
1.3 Internationale Sicherheitsregime _____ 21

2 Das System kollektiver Sicherheit der Vereinten Nationen 29
2.1 Zweck des Systems _____ 29
2.2 Institutionen des Systems _____ 31
2.3 Die rechtlichen Regelungen _____ 35
2.4 Instrumente des Systems _____ 44
2.5 Bewertung des Systems _____ 45

3 Der Entwurf multilateraler ökonomischer Sanktionsregime _____ 49
3.1 Das Konzept und der Rahmen multilateraler ökonomischer Sanktionsregime _____ 49
3.2 Ziele multilateraler ökonomischer Sanktionsregime _____ 51
3.3 Annahmen bezüglich des Wirkungsmechanismus multilateraler ökonomischer Sanktionen _____ 56
3.4 Typen ökonomischer Sanktionen _____ 58
3.5 Analyse der Wirkung multilateraler ökonomischer Sanktionen auf den Zielstaat _____ 63
3.6 Negative humanitäre Wirkungen _____ 65

3.7	Negative Folgen für Drittstaaten	67
3.8	Bewertung multilateraler ökonomischer Sanktionsregime	68
4	Die Durchsetzung multilateraler ökonomischer Sanktionsregime	77
4.1	Der Mechanismus der Vereinten Nationen	77
4.2	Nationale und internationale Maßnahmen	78
5	Trends und Merkmale durchgeführter multilateraler ökonomischer Sanktionsregime	81
5.1	Trends in den 90er-Jahren	81
5.2	Erfahrungen mit multilateralen ökonomischen Sanktionsregimes	84
6	Perspektiven für wirksame multilaterale ökonomische Sanktionsregime	89
6.1	Der Entwurf und die Durchsetzung multilateraler ökonomischer Sanktionsregime	89
6.2	Perspektiven multilateraler ökonomischer Sanktionsregime	91
Literaturverzeichnis		93

Abkürzungsverzeichnis

DPKO	Hauptabteilung für friedenserhaltende Maßnahmen VN (Departement für Peace-Keeping Operations)
FEM	friedenserhaltende Maßnahmen (Peace-Keeping Operations)
GSA	Generalstabsausschuss VN/SR
GV/Res.	Resolution der Generalversammlung der VN
GV/VN	Generalversammlung der Vereinten Nationen
IFS	Internationaler Frieden und Sicherheit
IWF	Internationaler Währungsfonds
KapVII/SVN	Kapitel VII der Satzung der Vereinten Nationen
KSZE	Konferenz für Sicherheit und Zusammenarbeit in Europa
MÖS	Multilaterale ökonomische Sanktionen
MÖSR	Multilaterale ökonomische Sanktionsregime
mZM	militärische Zwangsmaßnahmen (militärische Sanktionen)
NATO	Nordatlantische Vertragsgemeinschaft
NGO	Nichtregierungsorganisationen (Non-governmental Organisationen)
OSZE	Organisation für Sicherheit und Zusammenarbeit in Europa
öZM	ökonomische Zwangsmaßnahmen (ökonomische Sanktionen)
P5	Fünf ständige Mitglieder des Sicherheitsrates (USA, Großbritannien, Frankreich, China, Russland) (Permanent Members)

PEO	friedenserzwingende Maßnahmen (Peace Enforcement Operations)
SA/SR	Sanktionsausschüsse der SR/VN
SKS	System kollektiver Sicherheit
SKS/VN	System kollektiver Sicherheit der Vereinten Nationen
SKV	System kollektiver Verteidigung
SM/SR	Ständige Mitglieder des Sicherheitsrates
SR/Res.	Resolution des VN-Sicherheitsrates
SR/VN	Sicherheitsrat der Vereinten Nationen
SVN	Satzung der Vereinten Nationen (Charta)
UNAMET	VN-Mission in Ost-Timor (United Nations Mission in East Timor)
UNAMIR	VN Ruanda Unterstützungsmission (United Nations Assistance Mission in Ruanda)
UNAVEM	VN Angola Verifikationsmission (United Nations Angola Verification Mission)
UNCC	VN Kompensationskomission (United Nations Compensation Commission)
UNDOF	UN Entflechtungsbeobachtungskommission (Golan) (United Nations Disengagement/Observer Force)
UNEF	VN Notstandstruppe (Sinai) (United Nations Emergency Force)
UNITAF	VN Kontingent Somalia (United Nations Task Force Somalia)
UNMOVIC	UN-Überwachungs-, Beobachtungs-, Verifikations-, Inspektionskommission Irak (United Nations Monitoring, Observation, Verification, Inspection Commission Irak)
UNOMIK	VN Beobachtermission Irak, Kuwait (United Nations Observer Mission Irak, Kuwait)

UNPA	VN Gebietsschutztruppe Ex-Jugoslawien (United Nations Protection Area)
UNPF	VN Friedenskräfte Ex-Jugoslawien (United Nations Peace Force)
UNPROFOR	VN Schutztruppe Ex-Jugoslawien (United Nations Protection Force)
VN	Vereinte Nationen
VN/MGS	Mitgliedstaat der Vereinten Nationen
VN-Dok.	Dokument der Vereinten Nationen
WB	Weltbank

Verzeichnis der Boxen/Schemata

Box 1: Position von Gegnern, Befürwortern, kollektiver humanitärer Interventionen ____ 20
Box 2: Formen multilateraleren Sicherheitsmanagements __ 23
Box 3: VN-System der kollektiven Sicherheit ____ 30
Box 4: Sanktionsausschüsse des Sicherheitsrats der Vereinten Nationen ____ 34
Box 5: Festlegung nichtmilitärischer Zwangsmaßnahmen __ 39
Box 6: Festlegung militärischer Zwangsmaßnahmen ____ 40
Box 7: Friedenserhaltende Maßnahmen der Vereinten Nationen (konsensuale Sicherheit) – Stand Anfang 2003 __ 42
Box 8: Ziele multilateraler ökonomischer Sanktionsregime _ 52
Box 9: Kosten multilateraler ökonomischer Sanktionsregime 55
Box 10: Typen multilateraler ökonomischer Sanktionen ____ 59
Box 11: Multilaterales ökonomisches Sanktionsregime Irak __ 70
Box 12: Erreichung der Ziele des MÖSR/Irak ____ 74
Box 13: VN-Sanktionen 1990–2000 ____ 83
Box 14: Innovative Maßnahmen im MÖRS ____ 84
Box 15: Bewertung multilateraler ökonomischer Sanktionsregime ____ 86

1 Internationale Sicherheitsregime

1.1 Nationale und internationale Sicherheit

Multilaterale ökonomische Sanktionen sind Teil des Systems kollektiver Sicherheit der Vereinten Nationen. Sie stellen kollektive ökonomische Zwangsmaßnahmen dar, die der Festigung der internationalen Sicherheit dienen. Die internationale Sicherheit im System souveräner Nationalstaaten ist eng mit der nationalen Sicherheit verknüpft.

Der traditionelle Begriff der nationalen Sicherheit umfasst die territoriale Unversehrtheit und die politische Unabhängigkeit des souveränen Nationalstaates. Eine erste Erweiterung des Konzepts nationaler Sicherheit bezieht sozioökonomische und ökologische Elemente ein. Dies schließt eine Bedrohung der nationalen Sicherheit durch ökonomische Faktoren als Ursache von Konflikten ein. Eine zweite Erweiterung bezieht sich, entgegen der ursprünglichen Bezugseinheit Nation, auf Individuen und deren physische und sozio-ökonomische Sicherheit. Dies führt zum Konzept der menschlichen Sicherheit. Die Anwendung multilateraler ökonomischer Sanktionen bezieht sich primär auf gewaltsame militärische Bedrohungen der internationalen Sicherheit.

Das Konzept der internationalen Sicherheit geht von der Existenz souveräner Nationalstaaten in einem internationalen Staatensystem aus. Die internationale Sicherheit schließt die nationale Sicherheit der Staaten ein. Bedrohungen der nationalen Sicherheit durch zwischenstaatliche Konflikte bedrohen die internationale Sicherheit. Im internationalen Staatensystem existiert eine gewisse Anarchie. Es gibt keine Zentralinstanz mit dem Monopol zur Regelung gewaltsamer Konflikte. Die Staaten sind zum Schutz internationaler Sicherheit auf Selbsthilfe, d. h. ihr militärisches Potenzial bzw. den Abschluss von Allianzen angewiesen. Die existierende Unsicherheit und potenzielle Bedrohungen schaffen ein so genanntes Sicherheitsdilemma. Dies besagt, dass Maßnahmen zur Sicherheit eines Staates potenziell die Unsicherheit anderer Staaten erhöht. Dies führt zur Dynamik von Rüstungswettläufen. Die Konflikte, welche die internationale Sicherheit bedrohen, können zwischenstaatliche Konflikte, innerstaatliche Konflikte mit internationalen Wirkungen, aber auch internationale Aktivitäten nichtstaatlicher Gruppen sein.

Die Begrenzung des Sicherheitsdilemmas erfolgt auch durch die Annahme und Anwendung von völkerrechtlichen Prinzipien und Normen für die Gestaltung der zwischenstaatlichen Beziehungen. Die Verrechtlichung der internationalen Beziehungen und die Arbeit zwischenstaatlicher internationaler Organisationen wie der Vereinten Nationen sind Bestandteile von Konzepten der kollektiven Friedensbildung. Das allgemeine Gewaltverbot der Satzung der Vereinten Nationen (SVN) bezieht sich auf die Anwendung militärischer Gewalt in den zwischenstaatlichen Beziehungen. Es bezieht sich nicht auf die Anwendung politischen und ökonomischen Zwanges. Die völkerrechtlichen Normen schließen auch die Pflicht zur friedlichen Streitbeilegung und das Interventionsverbot, d. h. das Verbot der äußeren Einmischung in die inneren Angelegenheiten souveräner und gleicher Staaten ein.

Entsprechend einem erweiterten Konzept internationaler Sicherheit müssen, angesichts wirtschaftlicher Globalisierung und Interdependenz, ökonomische Strategien in die Bemühungen zur Stabilisierung der internationalen Sicherheit einbezogen werden.

Die bisherige Staatenpraxis in den internationalen Beziehungen beruht primär auf Macht- und Gegenmachtbildung. Das internationale Staatensystem ist dezentralisiert, anarchisch und kompetitiv. Die ökonomische und militärische Machtverteilung im System ist ungleich. Dies erschwert die Verrechtlichung der Beziehungen, die Zivilisierung dieser Beziehungen und den Aufbau effektiver internationaler Sicherheitsregime. Internationale Regime in der Sicherheitspolitik umfassen Prinzipien, Normen, Regeln und Institutionen für die Stabilisierung der internationalen Sicherheit

In der Realität existieren Hegemonie- und Gleichgewichtspolitik und Versuche der kollektiven Gestaltung der internationalen Sicherheit nebeneinander. Die internationale Staatengemeinschaft als Legitimations- und Handlungseinheit existiert nur in Ansätzen, z. B. im kollektiven Sicherheitssystem der Vereinten Nationen. Aber selbst dort besteht die Gefahr des Missbrauches, d. h. der Legitimation hegemonialer nationaler Interessen durch internationale Organisationen. Dies schmälert nicht die Notwendigkeit, die Suche nach kooperativen Sicherheitssystemen fortzuführen.

1.2 Internationale Konflikte und kollektive Interventionen

Die internationale Sicherheit wird, wie bereits angeführt, durch verschiedene Typen von Konflikten bedroht. Der Begriff internationaler Frieden und Sicherheit (IFS) umfasst zunächst den Begriff des so genannten negativen Friedens, d. h. der Abwesenheit direkter bewaffneter Gewalt in den zwischenstaatlichen Beziehungen. Mit dem Begriff des so genannten positiven Friedens wird die Abwesenheit auch indirekter, struktureller Gewalt verstanden. Dies bezieht sich z. B. auf unilateralen ökonomischen Zwang in den internationalen Beziehungen und die ungleiche Verteilung ökonomischer Macht im internationalen System.

Die SVN (Charta) unterscheidet, bezogen auf das Konzept des negativen Friedens, zwischen Bedrohung und Bruch des IFS und Aggressionshandlungen. Die Aggression ist ein Spezialfall des Bruches des IFS. Aggressionshandlungen sind laut der Aggressionsdefinition [GV Res. 3314 (XXIX) von 1974] der Vereinten Nationen bewaffnete Angriffe gegen die politische Unabhängigkeit und territoriale Unversehrtheit von Staaten.

Die Bedrohung oder der Bruch des IFS resultiert aus zwischenstaatlichen bewaffneten Konflikten. In jüngster Zeit häufen sich zusätzliche Bedrohungen durch innerstaatliche Konflikte mit internationalen Auswirkungen und internationalen Aktionen nichtstaatlicher, terroristischer Gruppen. Das System der kollektiven Sicherheit der Vereinten Nationen (SKS-VN) hat im Kapitel VII SVN spezielle rechtliche Regelungen und Kriterien für die Feststellung von Reaktionen auf friedens- und sicherheitsbedrohende Konflikte festgelegt (s. Kap. 2). Die kollektive Reaktion auf andere als zwischenstaatliche Konflikttypen ist noch umstritten.

Das Interventionsverbot der SVN untersagt äußere Interventionen in die inneren Angelegenheiten souveräner Nationalstaaten. Es geht dabei über das Gewaltverbot hinaus und verbietet auch die Anwendung politischen und ökonomischen Zwanges. Das Völkerrecht kennt nur zwei Ausnahmen vom Interventionsverbot. Die erste bezieht sich auf kollektive Interventionen (ökonomische und militärische Zwangsmaßnahmen) nach Feststellung einer Friedensbedrohung, eines Friedensbruchs bzw. einer Aggression durch den Sicherheitsrat der Vereinten Nationen (SR/VN, Kap. VII). Die zweite Ausnahme betrifft das Recht zur individuellen und kollektiven Selbstverteidigung nach Art. 51 SVN. Dies gilt nur bis zu dem Zeitpunkt, von dem an der SR/VN tätig wird. Eine spezielle Form der Intervention (s. dazu Kap. 2) stellen friedenserhaltende und friedenskonsolidierende Maßnahmen der Vereinten Nationen dar. Sie basieren auf der Zustimmung der Konfliktparteien und sind keine Zwangsmaßnahmen nach Kap. VII SVN. Einen speziellen Fall stellen so genannte humanitäre Interventionen dar. Dabei handelt es sich um kollektive Interventionen in innerstaatlichen Konflikten. Wenn der konkrete innerstaatliche Konflikt internationale Auswirkungen hat, lässt sich die Intervention u. U. auf die Anwendung der Regelungen der kollektiven Sicherheit nach Kap. VII

SVN gründen. Dies entfällt bei Nichtexistenz externer Wirkungen innerstaatlicher Konflikte. Eine andere Situation ergibt sich, wenn man sich auf das Konzept der so genannten menschlichen Sicherheit bezieht. Dies betrifft die Bedrohung von individueller physischer und sozioökonomischer Sicherheit. (z. B. durch massenhafte Verletzungen der Menschenrechte, Unterdrückung ethnischer oder religiöser Minderheiten, ökonomische Bedrohung).

Kollektive humanitäre Interventionen, obwohl aus moralischen Gründen oft geboten, haben keine Rechtsgrundlage in der SVN. Völkerrechtliche Normen wie das Interventionsverbot stehen der Anwendung multilateraler ökonomischer Sanktionen in solchen Fällen entgegen. Dies kann auch nicht mit dem Hinweis auf die notwendige Durchsetzung menschenrechtlicher Normen gerechtfertigt werden. Die Anwendung multilateraler ökonomischer Sanktionen als Element des Systems kollektiver Sicherheit würde im Falle innerstaatlicher Konflikte auf eine Neuinterpretation des Begriffs "innere Angelegenheiten eines Staates" hinauslaufen. Die Einhaltung menschenrechtlicher Normen fällt in die innere Zuständigkeit souveräner Staaten. Eine Legitimierung kollektiver Interventionen durch die Vereinten Nationen in solchen Fällen würde komplizierte Fragen nach den Kriterien, Methoden und Instrumenten solcher Interventionen aufwerfen. Die Verletzung menschenrechtlicher Normen muss mit anderen Mechanismen bekämpft werden, z. B. durch das Wirken internationaler Strafgerichte. Dabei steht außer Zweifel, dass die Durchsetzung menschenrechtlicher Mindeststandards innerstaatliche Konflikte begrenzen würde.

Die Box 1 stellt die Argumente der Befürworter und Gegner kollektiver humanitärer Interventionen gegenüber.

Die Sicherheitsratsresolution SR-688 (40) wird oft fälschlicherweise als Beispiel einer Legitimierung kollektiver humanitärer Intervention dargestellt. Die Resolution verurteilt die Unterdrückung der kurdischen Bevölkerung und fordert den Irak auf humanitäre Hilfslieferungen von VN-Organisationen nicht zu behindern. Sie enthält aber keine expliziten Festlegungen zu militärischen Sanktionen. Die USA und Großbritannien führten militärische Aktionen zur Errichtung von Schutz- und Flugverkehrszonen ohne ausdrückliches VN-Mandat aus.

Box 1: *Position von Gegnern, Befürwortern, kollektiver humanitärer Interventionen*[1]

	Rechtsposition	Gegner	Befürworter
1.	Das Gewalt- und Interventionsverbot sowie das Souveränitätsprinzip sind oberste völkerrechtliche Normen	Zustimmung	Ablehnung
2.	Humanitäre Interventionen sind in Ausnahmefällen gestattet	Ablehnung	Zustimmung
3.	Die Menschenrechte sind Teil der inneren Angelegenheiten von Staaten	Zustimmung	Ablehnung
4.	Der Sicherheitsrat der VN hat die alleinige Befugnis zur Verhängung von Zwangsmaßnahmen	Zustimmung	Ablehnung
5.	Massive Menschenrechtsverletzungen bedrohen die internationale Sicherheit	Ablehnung	Zustimmung

Die Beschlüsse regionaler Organisationen zur Durchführung kollektiver humanitärer Interventionen ohne Mandat des VN-SR sind rechtlich und politisch problematisch. Dies war der Fall bei der NATO-Intervention in Jugoslawien, die mit der massenhaften Ver-

---

[1] In Anlehnung an Faust, "Effektive Sicherheit", Westdeutscher Verlag, Wiesbaden 2002.

letzung von Menschenrechten in Kosovo begründet wurde. Es handelte sich um keine von den VN legitimierte Intervention. Damit verstieß sie gegen das völkerrechtliche Interventionsverbot. Die Verletzung der Menschenrechte war sicher gravierend. Dies rechtfertigt aber keine äußere militärische Intervention ohne klaren Nachweis der Bedrohung der internationalen Sicherheit.

1.3 Internationale Sicherheitsregime

Die Anstrengungen zur Begrenzung und Lösung zwischenstaatlicher Konflikte und zur Stabilisierung der internationalen Sicherheit führen zu internationalen Sicherheitsregimen. Diese sind Elemente von Systemen kooperativer oder kollektiver Sicherheit. Sie ergänzen die nationale Sicherheitspolitik der Staaten und regionale Sicherheitsbündnisse. Die Regime legen die Prinzipien, Normen, Institutionen und Entscheidungsverfahren fest, welche der Gestaltung der internationalen Sicherheit zugrunde liegen. Die Sicherheitsregime dienen dem multilateralen Konfliktmanagement.

Die Sicherheitsregime basieren auf den völkerrechtlichen Grundprinzipien für die Gestaltung der zwischenstaatlichen Beziehungen, wie sie in der SVN und ergänzenden Regelungen festgelegt sind.[2] Internationale Sicherheitsregime betreffen verschiedene Teilbereiche der Sicherheitspolitik (Rüstungskontrollregime, regionale und globale Sicherheitsregime, spezifische Nichtweiterverbreitungsregime spezieller Waffen, Rüstungsbegrenzungsregime).

Bei den internationalen Sicherheitsregimen kann weiter zwischen Systemen der kollektiven Verteidigung, Systemen der kooperativen und Systemen der kollektiven Sicherheit unterschieden

---

2 S. dazu "Declaration on Principles of International Law concerning Friendly Relations and Cooperation among States in Accordance with the Charter of the UN" in "International Instruments", New York, 1999.

werden. Die Prinzipien, Normen, Institutionen, Strukturen und Entscheidungsverfahren variieren je nach Typ des Sicherheitsregimes. Die Regime definieren:

- erlaubtes und unerlaubtes Verhalten,
- die erforderliche Reziprozität und
- anzuwendende Verifikationsverfahren.

Die Box 2 verdeutlicht die Grundmerkmale der verschiedenen Typen von Sicherheitsregimen.

Zu Systemen kollektiver Verteidigung

In einem System der kollektiven Verteidigung (formelle, informelle Abmachungen) verbinden sich Staaten zum Schutz vor einer Bedrohung ihrer nationalen Sicherheit durch einen potenziellen äußeren Gegner. Der Gegner steht außerhalb des Bündnisses. Die Bündnispartner wenden Abschreckungs- und Eindämmungsstrategien an. Dieses System hat während des Ost-West-Konflikts funktioniert und den Konflikt begrenzt.

Das System wurde durch spezielle Rüstungsbegrenzungs- und Rüstungskontrollregime sowie weitere konflikthemmende Mechanismen ergänzt. Diese Form der Macht- und Gleichgewichtspolitik ging von einer bipolaren Struktur aus. Die Situation nach Ende des Ost-West-Konflikts ist durch einen höheren Grad an Instabilität gekennzeichnet, wenn auch die Gefahr einer atomaren Konfrontation reduziert ist. Die Strukturen einer neuen sicherheitspolitischen Ordnung sind erst im Entstehen. Zugleich nehmen innerstaatliche Konflikte sowie von nichtstaatlichen Terrorgruppen verursachte Konflikte zu. Sie stellen eine reale Bedrohung der internationalen Sicherheit dar.

Box 2: *Formen multilateralen Sicherheitsmanagements*

	Sicherheitssituation	Organisatorische Regelungen	Beispiele
1. Kollektive Verteidigung	• Potenzielle Bedrohung von Staaten außerhalb des Bündnisses • Verminderung der Bedrohung durch gemeinsames militärisches Potenzial • Abschreckungs- und Eindämmungsstrategien gegenüber potenziellen Gegnern	• Allianz als formales Staatenbündnis • informelle Abkommen zwischen Staaten mit gemeinsamen Sicherheitsinteressen	NATO Warschauer Pakt
2. Kooperative Sicherheit	• Schaffung gegenseitiger Sicherheit durch vorbeugende Maßnahmen • Vertrauensbildung • Sicherheitskooperation	• offizielle zwischenstaatliche Abkommen • Abschluss informeller Arrangements • spezielle Rüstungsbegrenzungs- und -kontrollregime	OSZE

Fortsetzung Box 2

	Sicherheitssituation	Organisatorische Regelungen	Beispiele
3. Kollektive Sicherheit	• Gegner nicht eindeutig identifiziert • Allgemeine Androhung kollektiver Reaktionen • Reduzierung potenzieller Bedrohung • kollektive Sicherheitsinteressen	• kollektive Sicherheitsinstitutionen • Verpflichtung zur kollektiven Intervention • Kriterien/Verfahren/Instanzen für Bedrohungsanalyse • Durchführung kollektiver Zwangsmaßnahmen • Existenz einer Zentralinstanz mit Entscheidungsgewalt	Völkerbund Vereinte Nationen
4. Konsensuale Sicherheit	• Eindämmung von Konflikten • Überwachung Waffenstillstände • Konfliktreduktion • Trennung von Konfliktparteien	• Konsens der Konfliktparteien • friedenserhaltende, friedenskonsolidierende Maßnahmen	VN – friedenserhaltende Maßnahmen

Zu Systemen kooperativer Sicherheit

Die reale internationale Sicherheitslage nach dem Ende des Ost-West-Konflikts zeigt ein vielfältiges Bild. Es bestehen Formen hegemonialer Ordnungspolitik, regionale Systeme der kollektiven Verteidigung, Elemente eines kollektiven Sicherheitssystems der Vereinten Nationen nach Kap. VII SVN und Friedens sichernde Interventionen im System konsensualer Sicherheit der VN nebeneinander. Der Ausbau kooperativer Sicherheitsregime muss auf neue Konflikttypen reagieren und die rechtliche Basis für kollektive Interventionen präzisieren. Es ist auch erforderlich, die multilateralen Mechanismen auszubauen. Dazu gehören die Methoden der friedlichen Streitbeilegung nach Kap. VI SVN, die wirksamere Gestaltung des SKS/VN nach Kap. VII SVN und des VN-Systems der konsensualen Sicherheit (friedenserhaltende Operationen).

In reinen Systemen der kooperativen Sicherheit existieren, im Gegensatz zu kollektiven Sicherheitssystemen, keine kollektiven ökonomischen und militärischen Sanktionen. Das begrenzt ihre Wirkung.

Zu Systemen kollektiver Sicherheit

Ein System kollektiver Sicherheit basiert auf einer internationalen Ordnung, in der die Anwendung von Gewalt für die Durchsetzung nationaler Interessen, abgesehen von der Selbstverteidigung, untersagt ist. Der Schutz der nationalen Sicherheit einzelner Staaten ist einer zwischenstaatlichen Organisation zugeordnet. Dies gilt für alle teilnehmenden Staaten. Es gibt keine potenziellen, außerhalb des Systems stehenden Gegner. Die Verletzung völkerrechtlicher Normen durch ein Mitglied des Systems führt zu kollektiven Reaktionen. Ein solches System kollektiver Sicherheit liegt zwischen den Extremen von Anarchie und strikter Selbsthilfe im internationalen Staatensystem und dem Konzept einer Weltregierung als Zentralinstanz mit Gewaltmonopol. Das System basiert auf einem legalistischen Konzept kollektiver Zwangsmaßnahmen (kollektive Intervention). Dies setzt primäre Normen, welche die zwischenstaatlichen Beziehungen gestalten, voraus. Die Verletzung dieser Primärnormen löst kollektive Zwangsmaßnahmen aus. Dies erfordert Instanzen, die die Normverletzungen bewerten und Kriterien für Umfang und Form der kollektiven Intervention festlegen. Diese Instanzen bewerten also rechtswidriges Verhalten von Staaten anhand rechtlicher Kriterien. Sie autorisieren kollektive Zwangsmaßnahmen (multilaterale ökonomische und militärische Sanktionen als Instrumente der kollektiven Intervention) und organisieren deren Durchsetzung. Die kollektive Legitimierung und Durchführung von Zwangsmaßnahmen ist ein entscheidendes Merkmal kollektiver Sicherheitssysteme. Der Umfang und Typ der kollektiven Zwangsmaßnahmen hängt vom Grad der Rechtsverletzung ab. Das System beruht auf Annahmen über die Unteilbarkeit der internationalen Sicherheit, der Bereitschaft und der Kapazität kollektive Zwangsmaßnahmen durchzusetzen und der Unterordnung nationaler Sicherheitsinteressen unter die Gesamtinteressen. Die Grundelemente des Systems sind die kollektiv definierte Sicherheit und der Einsatz kollektiver Zwangsinstrumente (kollektive Interventionen bei Vorliegen der Friedensbedrohung).

Das Funktionieren kollektiver Sicherheitssysteme ist an eine Reihe von Voraussetzungen gebunden wie die allgemeine Anerkennung völkerrechtlicher Normen, die einheitliche Bewertung von Normverletzungen, und den Willen und die Kapazität zur Durchsetzung kollektiv beschlossener Zwangsmaßnahmen.

Diese komplexen Faktoren verdeutlichen die Schwierigkeiten, die mit dem Funktionieren solcher Systeme verbunden sind. Dies erfordert eine realistische Wertung der Voraussetzungen, Elemente und Strukturen solcher Systeme. Das kollektive Sicherheitssystem der VN beweist diese Feststellung. Multilaterale ökonomische Sanktionen sind ein Instrument des kollektiven Sicherheitssystems der VN. Die Wirksamkeit dieses spezifischen multilateralen Instruments kann deshalb nur im Kontext der SKS-VN beurteilt werden. Ausgehend von den generellen Bemerkungen zu den Merkmalen kollektiver Sicherheitssysteme soll deshalb zunächst kurz das kollektive Sicherheitssystem der VN dargestellt werden.

2 Das System kollektiver Sicherheit der Vereinten Nationen

2.1 Zweck des Systems

Der Zweck des kollektiven Sicherheitssystems der Vereinten Nationen ist die Sicherung des Friedens und der internationalen Sicherheit. Dies bedeutet eine kollektive Reaktion auf Bedrohungen durch internationale Konflikte. Das System basiert auf der Verpflichtung, gemeinsam gegen Verletzungen der Prinzipien und Normen der internationalen zwischenstaatlichen Kooperation vorzugehen. Diese Verpflichtung besteht für alle Staaten unabhängig vom Grad der Bedrohung eigener nationaler Sicherheitsinteressen.

Diesem System liegen rechtliche Regelungen zugrunde, die Kriterien für die Bedrohung oder den Bruch der internationalen Sicherheit festlegen. Eine Zentralinstanz, der VN/SR, hat die Autorität, den Tatbestand der Friedensbedrohung zu werten und verbindliche Entscheidungen über die Durchsetzung von ökonomischen und militärischen Zwangsmaßnahmen anzuordnen. Diese Maßnahmen stellen die Instrumente einer kollektiven Intervention dar.

Der Zweck der kollektiven Intervention ist die Einwirkung auf den normverletzenden Staat (Zielstaat) mit dem Ziel, eine Änderung der sicherheitsbedrohenden Politik zu erreichen. Dieser Mechanismus kollektiver Intervention soll neben der Modifikation vom Fehlverhalten des Zielstaates auch eine präventive Wirkung haben. Er stellt eine begründete Ausnahme vom generellen Gewalt- und Interventionsverbot dar. Box 3 veranschaulicht den Mechanismus des SKS/VN.

Box 3: *VN-System der kollektiven Sicherheit*

Zentralinstanz	Aufgaben des Sicherheitsrates	Probleme
VN-Sicherheitsrat Entscheidungsverfahren Vetorecht der SM/SR Prinzipien/Normen zwischenstaatlicher Kooperation • Gewaltverbot • friedliche Streitbeilegung • souveräne Gleichheit • Interventionsverbot Ausnahmen vom Interventionsverbot • kollektive Zwangsmaßnahmen nach Kap. VII Art. 41 und 42 SVN • Recht auf individuelle und kollektive Selbstverteidigung nach Art. 51 SVN	1. Feststellung der Bedrohung oder des Bruchs des IFS 2. Festlegung provisorischer Maßnahmen 3. Festlegung ökonomischer Zwangsmaßnahmen 4. Festlegung militärischer Zwangsmaßnahmen 5. Durchsetzung der Zwangsmaßnahmen 6. Überwachung und Kontrolle der Durchführung der Zwangsmaßnahmen 7. Evtl. Ermächtigung von Staaten, Staatengruppen oder Regionalen Organisationen zur Durchführung militärischer Zwangsmaßnahmen	1. Vetorecht der SM/SR führt zur Blockade des Systems 2. Weiter Ermessensspielraum bei der Feststellung von Friedensbedrohungen 3. Formulierung klarer Zielstellungen für Sanktionsregime 4. Auswahl effektiver ökonomischer Sanktionen 5. Systeme zur Durchsetzung der ökonomischen Sanktionen einschließlich Kontrollsysteme 6. Mangelnde militärische Kapazitäten der VN 7. Kontrollen militärischer Sanktionen, die an Staatengruppen delegiert wurden

Das SKS der VN ist das Ergebnis der Erfahrungen mit dem System des Völkerbundes und den Folgerungen aus dem 2. Weltkrieg. Bereits in der Atlantikcharta von 1941 war im Plan enthalten, ein "umfassendes und offenes System allgemeiner Sicherheit" zu schaffen. Kap. VII SVN enthält die Kernelemente des Systems kollektiver internationaler Friedenssicherung. Die grundlegende Annahme ist die des politischen Willens der Hauptmächte, Angriffe auf die nationale Sicherheit einzelner Staaten kollektiv abzuwehren. Die Einbindung der Hauptmächte führte zur Festlegung von Privilegien für die ständigen Mitglieder des Sicherheitsrates in Form des Vetorechts. Damit können keine Zwangsmaßnahmen beschlossen werden, die den Interessen der Hauptmächte nicht entsprechen. Der Nachteil dieser Regelung ist die mögliche Blockierung des Sicherheitsrates. Diese Situation trat in der Periode des Ost-West-Konflikts ein. Die unterschiedlichen nationalen Interessen verhinderten den Konsensus der Hauptmächte und damit die Anwendung der VN/SKS. Diese Situation änderte sich, zumindest teilweise, nach dem Ende des Ost-West-Konflikts. Bis 1990 wurden multilaterale militärische und ökonomische Sanktionen nur selektiv benutzt. In den 90er-Jahren des 20. Jahrhunderts verstärkte sich die Nutzung des Mechanismus SKS/VN. Während der Zeit der Blockade des Sicherheitsrates beschränkten sich die Aktivitäten der VN auf Maßnahmen der friedlichen Streitbeilegung und friedenserhaltende Maßnahmen. Diese Maßnahmen basieren auf der Zustimmung der Konfliktparteien (konsensuale Sicherheit) und stellen keine Zwangsmaßnahmen nach Kap. VII SVN dar.

2.2 Institutionen des Systems

Der UN-Sicherheitsrat ist die Zentralinstanz im SKS/VN. Der Sicherheitsrat bildet für einzelne Sanktionsregime Nebenorgane, die so genannten Sanktionsausschüsse. Neben den zwischenstaatlichen Organen gibt es weitere Institutionen wie die mit der Umsetzung bzw. Konzipierung der Regime beteiligten Einheiten des UN-Sekretariats (Politische Abteilung, Abteilung für soziale und ökonomische Angelegenheiten) sowie die Institutionen zur internationalen Durchsetzung der Regime (Überwachungs- und Kontrollsysteme). Der VN-Sicherheitsrat hat bezüglich der multilateralen ökonomischen Sanktionsregime folgende Aufgaben:[3]

a) die Feststellung einer Bedrohung oder eines Bruchs des internationalen Friedens und der Sicherheit bzw. einer bewaffneten Aggression;
b) die Festlegung provisorischer Maßnahmen zur Konfliktlösung in der Form von Empfehlungen;
c) Die Festlegung nichtmilitärischer oder ökonomischer Zwangsmaßnahmen (ökonomische Sanktionen);
d) die Organisation der Durchsetzung der multilateralen ökonomischen Sanktionen durch nationale und internationale Maßnahmen.

Der VN/SR bildet Nebenorgane nach Art. 29 SVN. Die Sanktionsausschüsse als Nebenorgane sind mit der administrativen Umsetzung der Sanktionsbeschlüsse betraut. Die Zusammensetzung der Sanktionsausschüsse ist identisch mit der des VN/SR. Die Entscheidungen der Sanktionsausschüsse erfordern Einstimmigkeit (Konsensusprinzip). Den Sanktionsausschüssen obliegen folgende Aufgaben:

---

[3] Im SKS VN hat der VNSR weiter militärische Sanktionen zu beschließen und Staaten bzw. Regionalorganisationen zu ermächtigen diese auszuführen. Der VN-SR beschließt ebenfalls friedenserhaltende Maßnahmen als Teil der so genannten konsensualen Sicherheit.

a) die Überwachung und Kontrolle der Umsetzung der festgelegten Sanktionsregime;
b) die Bestätigung von Ausnahmeregelungen für humanitäre Zwecke;
c) die Regelung erforderlicher Kompensationen.

Die Feststellung der Friedensbedrohung bzw. des Friedensbruches kann nur im VN/SR erfolgen. Das Gleiche betrifft die Festlegung der Ziele von Sanktionsregimen sowie des Umfangs und der Typen von Sanktionen. Nur der Sicherheitsrat kann die Aufhebung der Sanktionen verfügen. Die Entscheidungen über MÖSR erfordern nach Art. 27 SVN die Zustimmung aller SM/SR. Die Befugnisse der VN-GV sind eingeschränkt solange sich der VN-SR mit einer Konfliktsituation befasst. Die VN/GV kann nur allgemeine Empfehlungen aussprechen. Die Sanktionsausschüsse, als Neuerungen im VN-System, haben ihre Verfahren ständig entwickelt, um den gestiegenen Aufgaben gerecht zu werden.[4] Die BRD hat sich mit der Leitung des Sanktionsausschusses Irak um die Verbesserung der Arbeit des Ausschusses (Systematik, Verfahren, Methoden) bemüht. Anfang 2002 hat die BRD erneut die Leitung dieses wichtigen Sanktionsausschusses übernommen. Dies erfolgte gegen den anfänglichen Widerstand der USA, welche Vorbehalte wegen der deutschen Position zur Irak-Krise hatte. Box 4 zeigt die bisher wirksamen Sanktionsausschüsse. Diese Ausschüsse haben grundsätzlich das gleiche Mandat. Die Wertung ihrer Arbeitsformen und Arbeitsergebnisse zeigt beträchtliche Unterschiede in der Effektivität. Dies hängt wesentlich von der Bereitschaft der VN/MGS ab, diese Mechanismen zu nutzen. Eine Rolle spielt auch die Übernahme der Leitung dieser Ausschüsse durch kompetente Staatenvertreter sowie die Kapazität des UN-Sekretariats zur Unterstüt-

---

4 Kaul, "Die Sanktionsausschüsse der VN", Zeitschrift DGVN Bonn 3/1996, und Eitel, "VN-Sanktionsausschüsse", Zeitschrift DGVN 2/1997.

zung der Arbeit. Das Konsensusprinzip hat ebenfalls zu Verzögerungen beitragen (z. B. bei der Bewilligung von Importen als Teil humanitärer Ausnahmeregelungen).

Box 4: Sanktionsausschüsse des Sicherheitsrats der Vereinten Nationen

1. Zusammensetzung: Analog zur Zusammensetzung des VNSR
2. Entscheidungsverfahren: Konsensusprinzip
3. Aufgaben
   a) administrative Durchsetzung der Sanktionsregime
   b) Bestätigung von Ausnahmen für humanitäre Zwecke
   c) Regelung von Kompensationszahlungen
4. Ausschüsse

Zielstaat	Resolution
a) Irak	661 (90)
b) Libyen	748 (91)
c) Somalia	751 (92)
d) Angola	864 (93)
e) Ruanda	918 (94)
f) Liberia	1 343 (01)
g) Sierra Leone	1 132 (97)
h) Eritrea/Äthiopien	1 298 (00)
i) Afghanistan	1 267 (99)

2.3 Die rechtlichen Regelungen

Die rechtlichen Regelungen des SKS/VN sind im Kap. VII SVN enthalten. Die Erläuterungen und Kommentierungen zu diesen Regelungen sind umfangreich.[5]

Die rechtlichen Regelungen der Kap. VII SVN bilden den Kern des SKS/VN. Sie basieren auf den grundlegenden Prinzipien der zwischenstaatlichen Kooperation (Gewaltverbot, friedliche Streitbeilegung, Interventionsverbot). Das Prinzip der souveränen Gleichheit der Staaten wird im SKS/VN mit dem Vetorecht (Privilegierung des SM/SR) aus Gründen der Funktionsfähigkeit des Systems modifiziert. Die Regelungen des Kap. VII SVN begründen die Voraussetzungen und Bedingungen für Ausnahmen vom Gewalt- und Interventionsverbot. Dies beinhaltet die Feststellung der Bedrohung oder des Bruchs der internationalen Sicherheit und die Festlegung ökonomischer und militärischer Zwangsmaßnahmen. Diese Zwangsmaßnahmen sind Elemente von kollektiven Interventionen. Diese kollektiven Interventionen beziehen sich primär auf zwischenstaatliche Konflikte. Im Falle von innerstaatlichen Konflikten mit internationalen Wirkungen kann ebenfalls eine kollektive Intervention in Betracht gezogen werden (humanitäre Intervention). Die Kriterien für kollektive Interventionen in solchen Konflikten sind umstritten. Eine weitere Eingriffsmöglichkeit besteht bei internationalen Aktivitäten nichtstaatlicher terroristischer Gruppen. Dies erfordert allerdings die Feststellung einer Bedrohung der internationalen Sicherheit durch den SR/VN.

Die Interventionen der VN durch friedenserhaltende Maßnahmen fallen nicht unter die Zwangsmaßnahmen der Kap. VII SVN. Die Weiterentwicklung spezieller Typen von friedenserhaltenden Maßnahmen im Sinne so genannter robuster Maßnahmen enthalten

---

5 S. dazu u. a. Ipsen, "Völkerrecht", Verlag C. H. Beck, München 1997; Simma, "The Charter of United Nations", Oxford University Press 1994.

allerdings auch Elemente von Zwang (so genanntes Kap. 6 1/2 Maßnahmen). Die Ausnahmen vom Interventionsverbot umfassen zwei grundsätzliche Optionen:

1. Ökonomische und militärische Zwangsmaßnahmen auf Beschluss des VN-Sicherheitsrates nach Feststellung der Bedrohung oder des Bruches der internationalen Sicherheit.
2. Maßnahmen unter Bezug auf das Recht der individuellen und kollektiven Selbstverteidigung nach Art. 51 SVN. Dies betrifft die Reaktion auf militärische Aggressionen. Diese sind dem VN-SR sofort zu notifizieren. Dieses Recht zur individuellen und kollektiven Selbstverteidigung gilt bis zum Zeitpunkt des Tätigwerdens des VN-SR.

Die Reaktion auf nur potenzielle Bedrohungen ist strittig. Es lässt sich kein Recht auf präventive Aktionen im Falle einer nur potenziellen Bedrohung ableiten.
Die folgenden Artikel des Kapitels VI SVN sind relevant.

Artikel 39

Dieser Artikel legt fest, wann Konfliktsituationen zur Bedrohung oder zum Bruch des Weltfriedens und der internationalen Sicherheit führen. Der Begriff Weltfrieden bezieht sich dabei auf das Konzept des negativen Friedens, d. h. der Abwesenheit von Gewalt in den zwischenstaatlichen Beziehungen. Der Tatbestand der Bedrohung des Friedens stellt eine relativ offene Ermächtigungsnorm dar. Das Konzept der Friedensbedrohung ist relativ unbestimmt und überlässt dem VN-SR viel Ermessens- und Interpretationsspielraum.

Der VN/SR muss bei friedensbedrohenden Konflikten eine Tatbestandsfeststellung (Determination) bezüglich Bedrohung, Bruch des Weltfriedens bzw. Aggression treffen. Diese Feststellung bildet die Grundlage für Beschlüsse über kollektive Interventionen in der Form ökonomischer und militärischer Zwangsmaßnahmen.

Artikel 40

Diese Regelung fordert den VNSR auf, nach der Feststellung von Friedensbedrohung oder Friedensbruch, Empfehlungen zur Konflikteindämmung zu geben. Diese Empfehlungen sind noch keine rechtsverbindlichen Zwangsmaßnahmen. Der VN-SR gab z. B. in SR-660 (90) bezüglich des Irak-Kuwait-Konfliktes zunächst die Empfehlungen an Irak, die Truppen zurückzuziehen und mit Kuwait über das Grenzregime zu verhandeln. Es wurden für den Fall der Nichtbefolgung Zwangsmaßnahmen angedroht.

Artikel 41

Diese Regelung legt das Recht auf kollektive Interventionen in Form nichtmilitärischer Zwangsmaßnahmen (ökonomische Sanktionen) fest. Diese Zwangsmaßnahmen beziehen sich auf die teilweise oder vollständige Unterbrechung der Handels-, Finanz-, Verkehrs- und Kommunikationsbeziehungen. Diese Zwangsmaßnahmen sollen den Konflikt verursachenden Zielstaat wirtschaftlich schwächen und damit zur Veränderung seiner friedensbedrohenden Sicherheitspolitik veranlassen (s. Kap. 3). Die Umsetzung dieser Maßnahmen ist für die VN/MGS rechtlich verbindlich. Im Fall des Irakkonflikts verhängte z. B. der VN/SR nach Nichterfüllung des SR 660 (90) mit SR 661 (90) umfassende ökonomische Sanktionen gegen den Irak.

Artikel 42

Dieser Artikel regelt die Anwendung militärischer Zwangsmaßnahmen wie Demonstrationen, Blockaden und den Einsatz von

Land-, Luft- und Seestreitkräften. Die Anwendung militärischen Zwangs kann auch der Durchsetzung ökonomischer Sanktionen dienen. Nach Art. 43 sollten die VN/MGS der VN-Truppen Kontingente (Sonderabkommen) zuordnen. Dies wurde nicht realisiert. Die UN verfügt nicht über eigene militärische Kapazitäten. Sie muss, speziell für friedenserhaltende Maßnahmen, ad hoc Abmachungen mit einzelnen MGS treffen. Im Falle militärischer Zwangsmaßnahmen kann sie Staaten, Staatengruppen bzw. regionale Organisationen ermächtigen die militärischen Zwangsmaßnahmen durchzusetzen (Art. 48 SVN). Die Anordnung militärischer Zwangsmaßnahmen ist rechtlich verbindlich. Die Beteiligung an militärischen Aktionen obliegt aber der souveränen Entscheidung der MGS. Bei der Ermächtigung (Autorisierung, Legitimierung) von MGS nach Art. 48/49 SVN sollte die Führung und Kontrolle der Operationen beim VN/SR bleiben. Das betrifft insbesondere die Autorität, kollektive militärischer Zwangsmaßnahmen zu beenden.

Im Falle der irakischen Aggression gegen Kuwait stellte der VN-SR eine Friedensbedrohung fest. Die Okkupation Kuwaits war ein klarer Fall der Aggression als Spezialfall des Friedensbruchs. Die Herstellung des Konsensus zwischen der SM/SR im VN/SR erforderte den Rückgriff auf den Tatbestand der Friedensbedrohung. Dies wurde notwendig, weil die Sowjetunion aufgrund ihrer speziellen Beziehungen zum Irak sich gegen die Charakterisierung als Aggression wandte. Es bestand aber Konsens über die Notwendigkeit einer kollektiven Intervention nach Kap. VII SVN. Der erste Schritt der kollektiven Intervention war die Festlegung umfassender ökonomischer Sanktionen im SR 661 (90). Diese Sanktionen bewirkten, auch wegen ihrer zunächst kurzen Dauer (drei Monate), keine Änderung der Politik des Iraks. Deshalb wurden als nächster Schritt militärische Sanktionen beschlossen [SR 678 (91)]. Die US-geführte Staatenallianz wurde ermächtigt die Operation Wüstensturm durchzuführen. Im Verlaufe dieser Aktion übernahm die Allianz auch die Führung und Kontrolle der Operationen. Der VN-SR wurde erst später bei den Festlegungen zum Waffenstillstand [SR-Res. 687 (91)] wieder tätig. Aus dieser Sicht konnte bezweifelt werden, ob es sich um eine Durchsetzung von militärischen Sanktionen nach Kap. VII Art. 42 SVN handelte.

Eine andere Interpretation wäre die, dass die Staatenallianz unter Führung der USA ermächtigt wurde nach Art. 51 SVN das kollektive Recht auf Selbstverteidigung (Unterstützung Kuwaits) auszuüben.

Box 5 und 6 fassen den Ablauf bei Verstößen gegen die völkerrechtlichen Prinzipien der zwischenstaatlichen Kooperation zusammen.

Box 5: Festlegung nichtmilitärischer Zwangsmaßnahmen

1. <u>Grundlage:</u> Kap. VII SVN/Ausnahmen vom Interventionsverbot/kollektive Interventionen

A) Rechtfertigung
   a) Feststellung einer Gefahrensituation/internationale Konflikte
   b) Feststellung des VN/SR (gemäß Art. 39)
      - Friedensbedrohung
      - Friedensbruch
      - Aggression

B) Maßnahmen
   - Festlegung nichtmilitärischer Zwangsmaßnahmen nach Art. 41
   - Umsetzung der Sanktionen durch die MGS
   - Aufbau von Kontrollsystemen
   - Festlegung von Ausnahmeregelungen
   - Festlegung von Kompensationsmaßnahmen
   - Administrative Durchsetzung über Sanktionsausschüsse

C) Erfolgskontrolle
- Wertung des Verhaltens des Zielstaates durch den SR/VN
- Suspendierung/Aufhebung der nichtmilitärischen Zwangsmaßnahmen durch den VN/SR

Box 6: *Festlegung militärischer Zwangsmaßnahmen*

1. Grundlage: Kap. VII SVN/kollektive Interventionen

2. Rechtfertigung/Maßnahmen

A) Nach Kapitel VII SVN
- Feststellung der Friedensbedrohung oder des Friedensbruchs
- Beschluss des VN/SR über militärische Zwangsmaßnahmen
- Ermächtigung von Staaten- bzw. Staatenallianzen zur Durchführung der militärischen Zwangsmaßnahmen
- Ermächtigung von regionalen Organisationen zur Durchsetzung militärischer Zwangsmaßnahmen

B) Selbstverteidigung nach Art. 51 SVN
- Gegenmaßnahmen bei bewaffneter Aggression
- Notifikation des VN/SR
- Begründung der Verhältnismäßigkeit der Reaktion
- Beendigung der Aktivitäten bei Tätigwerden der VN/SR
- Fortsetzung der Aktivitäten/Ermächtigung durch den VN/SR

C) Erfolgskontrolle
- Bewertung des Verhaltens des Zielstaates
- Suspendierung/Aufhebung militärischer Zwangsmaßnahmen durch SR/VN

Das SKS/VN verbindet nichtmilitärische und militärische Zwangsmaßnahmen. Dabei besteht keine zwangsläufige Reihenfolge. In der Regel werden militärische Zwangsmaßnahmen aber als letztes Mittel angesehen.

Die rechtlichen Regelungen des Kapitels VII SVN bilden einen Rahmen für die Durchführung kollektiver Interventionen im Rahmen des SKS/VN. Dies setzt politische Entscheidungen auf der Basis rechtlicher Normen voraus. Diese politischen Entscheidungen berühren die nationalen Sicherheitsinteressen der Staaten. Die nationalen Interessen müssen in das Gesamtinteresse der Staatengemeinschaft an der Erhaltung der internationalen Sicherheit eingeordnet werden.

Die Voraussetzungen für das Funktionieren der VN/SKS sind komplexer Natur. Bei Blockierung des Sicherheitsrates durch das Veto Ständiger Mitglieder, d. h. dem Nichtvorhandensein eines Konsensus über die Bewertung der friedensbedrohenden Konflikte und erforderliche Zwangsmaßnahmen ist das System nicht funktionsfähig. Dies war der Fall während der Periode des bipolaren Ost-West-Konflikts. Dies führte zu einer nur selektiven Anwendung des Mechanismus nach Kap. VII SVN.

Die VN beschränkten sich deshalb weitgehend auf friedenserhaltende Maßnahmen der konsensualen Sicherheit. Diese Maßnahmen beruhen auf der Zustimmung der Konfliktparteien. Sie sind keine Zwangsmaßnahmen nach Kap. VII SVN. Militärische Elemente sind beschränkt auf die Selbstverteidigung der zur Überwachung von Waffenstillständen eingesetzten UN-Kontingente. Zu diesen Maßnahmen können Funktionen zur Sicherung der inneren Ordnung und Aktivitäten für die Gestaltung der politischen und ökonomischen Systeme als Elemente der Friedenskonsolidierung treten. Der VN-GS hat in der "Agenda for Peace" die weitere Gestaltung dieser Maßnahmen der Konfliktbewältigung vorgeschlagen. Der Bericht einer Expertengruppe (so genannter Brahimi Bericht A/55/305) hat dieses System konsensualer Friedenssicherung bewertet und Vorschläge zur effektiveren Gestaltung des Systems unterbreitet (Finanzierung, Logistik, Operationen).

Box 7: *Friedenserhaltende Maßnahmen der Vereinten Nationen (konsensuale Sicherheit) – Stand Anfang 2003*

Grundprinzipien

- Zustimmung der Konfliktparteien
- Neutralität
- begrenzte Anwendung von Gewalt

Generation	Aufgaben	Ausgewählte Beispiele		
		Jahr	Bezeichnung	Staat
Erste Generation	– Überwachung – Kontrolle von Waffenstillständen	1948 1948 1956–67 1960–64 1964– 1974	UNTSO UNMOGIP UNEF UNEC UNFICYP UNDOF	Mittlerer Osten Kaschmir Sinai Kongo Zypern Golan-Höhen

Generation	Aufgaben	Ausgewählte Beispiele			Staat
		Jahr	Bezeichnung		
Zweite Generation	Einbeziehung ziviler Aufgaben	1960–64	UNOC		Kongo
		1989–90	UNTAG		Namibia
		1989–90	ONUVEN		Nicaragua
		1991–95	ONUSAL		El Salvador
		1992–93	UNTAC		Kambodscha
		1992–94	ONUMOZ		Mozambik
		1989–97	VNAVEM		Angola
	– Robuste Einsätze	1991–96	UNSCOM		Irak
	– Einbeziehung von Maßnahmen der Friedenserhaltung	1990–	EOMOG		Liberia
Dritte Generation	– zeitweilige Übernahme staatlicher Funktionen	1992–95	UNITAF		Somalia
		1996–	IFOR		Bosnien
		1999–	KFOR		Kosovo
		2000–	KFOR		Kosovo
		2000–	SFOR		Bosnien-Herzegowina

Box 7 gibt einen Überblick über die friedenserhaltenden Maßnahmen der VN.

Man muss klar unterscheiden zwischen Maßnahmen der friedlichen Streitbeilegung (Kap. VI SVN), Maßnahmen im SKS/VN (Kap. VII SVN) und friedenserhaltenden Maßnahmen der konsensualen Friedenssicherung der VN.

2.4 Instrumente des Systems

Die Instrumente des Systems sind provisorische Maßnahmen sowie nichtmilitärische und militärische Zwangsmaßnahmen. Diese Instrumente kollektiver Intervention werden nach der Feststellung einer Bedrohung oder Bruch des IFS durch den VN/SR eingesetzt. Sie sollten den Zielstaat zwingen seine sicherheitsbedrohenden Maßnahmen zu korrigieren. Die Zielstellung der Zwangsmaßnahmen ist die Modifikation des Verhaltens und nicht die Bestrafung des Zielstaates. Es besteht keine zwingende Reihenfolge bezüglich des Einsatzes verschiedener Typen von Zwangsmaßnahmen. In der Regel werden zunächst ökonomische Sanktionen eingesetzt. Militärische Sanktionen können der Durchsetzung ökonomischer Sanktionen dienen. Sie können auch unabhängig von ökonomischen Sanktionen genutzt werden. Multilaterale ökonomische Sanktionsregime umfassen die Ziele des Regimes, den Umfang und Typ der Sanktionen sowie Maßnahmen zur Kontrolle und Durchsetzung der Maßnahmen. Die eingesetzten Maßnahmen müssen zu den angestrebten Zielen verhältnismäßig sein. Dies hängt vom Grad und Umfang der Friedensbedrohung ab.

Die vom VN/SR angeordneten ökonomischen Sanktionen sind für die VN-MGS rechtlich verbindlich. Sie müssen durch entsprechende nationale Maßnahmen durchgesetzt werden. Die Anwendung der Instrumente beruht auf einer Tatbestandsfeststellung der VN-SR. Im Falle militärischer Sanktionen bedarf es, aufgrund mangelnder militärischer Kapazitäten der VN, der Übernahme der Aktivitäten durch einen Staat bzw. eine Staatengruppe. Eine Hegemonialmacht muss den politischen Willen aufbringen, die Ressourcen bereitstellen sowie Koalitionen bilden. Die Nutzung ökonomischer Sanktionen (s. Kap. 3) erfordert die Analyse der Wirtschaft des Zielstaates, seiner Struktur und weltwirtschaftlichen Verflechtung. Das primäre Ziel "Modifikation des sicherheitspolitischen Verhaltens des Zielstaates", erfordert auch eine genaue Analyse des politischen Systems, seiner Institutionen, seiner Entscheidungsprozesse und des Einflusses der Zivilgesellschaft. Die Auswahl des Umfangs und der Typen ökonomischer Sanktionen muss diese Faktoren in Rechnung stellen, um die festgelegten Ziele zu erreichen.

2.5 Bewertung des Systems

Das SKS/VN benötigt, um zu funktionieren, eine Reihe von Voraussetzungen. Dies betrifft u. a.

- die Notwendigkeit eines Konsensus zwischen den SM/SR, um eine Blockade des Entscheidungsprozesses zu vermeiden;
- die Einordnung nationaler Sicherheitsinteressen in das Gesamtinteresse der internationalen Staatengemeinschaft nach stabiler internationaler Sicherheit;
- die Festlegung angemessener und wirksamer ökonomischer und militärischer Sanktionen (angemessen bezüglich der Ziele und wirksam im Sinne der Veränderung politischen Verhaltens des Zielstaates);
- die wirksame Durchsetzung ökonomischer Sanktionen durch Maßnahmen der Mitgliedstaaten und die Existenz effektiver Kontroll- und Überwachungssysteme;
- die Verfügbarkeit ausreichender militärischer Kapazitäten und Führungsstrukturen für militärische Sanktionen;

– den Grundkonsensus über die Akzeptanz grundlegender Normen für die Gestaltung der zwischenstaatlichen Beziehungen.

Die Voraussetzungen für das Funktionieren des SKS/VN sind komplex. Das erklärt den nur selektiven Einsatz des Systems und die Probleme bei seiner Anwendung. Das System wird oft blockiert, da kein Konsens der SM/SR besteht. Die nationalen Interessen der Hegemonialmächte bezüglich konkreter Konfliktsituationen differieren. Dies bedingt komplizierte Verhandlungsprozesse zur Erzielung gemeinsamer Positionen im VN/SR. Es ist auch zu berücksichtigen, dass bei formaler Gleichheit der Staaten eine unterschiedliche Machtverteilung besteht. Der politische Wille zum Handeln hängt stark von der unmittelbaren Beeinträchtigung nationaler Sicherheitsinteressen ab. Dies führt zu unterschiedlichen Bewertungen bezüglich der Konfliktsituation, des Grades der Sicherheitsbedrohung, der Dringlichkeit kollektiver Interventionen, ihrer Ziele sowie der Festlegung geeigneter Zwangsmaßnahmen. Ein weiteres Problem ist die Ausrichtung auf zwischenstaatliche Konflikte als Ursachen der Friedensbedrohung. Es kommen Unsicherheiten bezüglich der Wirksamkeit speziell multilateraler ökonomischer Sanktionen hinzu. Dies bezieht sich sowohl auf den Entwurf als auch auf die Durchsetzungsmechanismen für MÖSR. Die Wirkung der eingesetzten ökonomischen Zwangsmaßnahmen basiert oft auf Annahmen über den Wirkungszusammenhang zwischen der negativen ökonomischen Wirkung von Sanktionen und dem sicherheitspolitischen Verhalten der Zielstaaten. Diese Annahmen gehen oft von unzulässigen Vereinfachungen aus (s. Kap. 3).

Trotz dieser Probleme ist es notwendig, die Alternative eines SKS/VN zur Friedenssicherung stärker zu nutzen. Dies erfordert neue konzeptionelle Überlegungen und operative Strategien.

Zur Illustration der Probleme des SKS/VN soll kurz seine Anwendung im Fall der Irak-Kuwait-Krise dargestellt werden. Eine detaillierte Wertung der MÖS erfolgt in Kapitel 3.

Die SR-660 (90) wertete die Okkupation Kuwaits durch Irak als Friedensbedrohung. Diese Resolution forderte den Rückzug irakischer Truppen. Diese Empfehlung wurde durch den Irak nicht befolgt. Dies führte mit SR-661 (90) zur Festlegung umfassender ökonomischer Sanktionen. Die SR 678 (91) legitimierte militärische Zwangsmaßnahmen. Diese wurden durch eine US-geführte 27-Staatenallianz realisiert (legitimiert durch die VN).

Nach der militärischen Niederlage Iraks legte die SR-687 (91) Bedingungen für den Waffenstillstand fest. Diese bezogen sich auf Abrüstungsmaßnahmen, Grenzregelungen und Kompensationsmaßnahmen. Die ökonomischen Sanktionen wurden fortgesetzt, verschärft und auf die neuen Ziele gerichtet. Dies führte zu teilweisen Abrüstungsschritten, humanitären Ausnahmeregelungen und Kompensationsmechanismen (s. dazu Kap. 3/4).

Dieser Fall einer umfassenden Anwendung des Systems kollektiver Sicherheit der VN zeigte die Möglichkeiten und Grenzen des Systems auf. Die Mitglieder des Sicherheitsrates einigten sich auf die Feststellung der Bedrohung des Friedens, sie legten konkrete Ziele sowie ökonomische und militärische Sanktionen fest und setzten sie durch. Im zeitlichen Ablauf ergaben sich Differenzen in der Wertung des Grades der Zielerreichung, der humanitären Wirkungen und der Bedingungen für die Aufhebung der Sanktionen. Dies hat zur erneuten Zuspitzung der Situation geführt. SR 1441 (01) hat ein verschärftes Inspektionsregime festgelegt. Es bestehen Differenzen über die Abrüstungsschritte Iraks. Die evtl. erneute Festlegung militärischer Sanktionen hängt von der Bewertung der Situation im Irak ab (Realisierung der Abrüstung). Multilaterale ökonomische Sanktionen sind somit eines der Instrumente im SKS/VN. Die Begründung, Auswahl und Wirksamkeit dieser Sanktionen erfordert eine gesonderte Betrachtung. Die Wirkungskette Verstöße gegen die Prinzipien zwischenstaatlicher Kooperation – Friedensbedrohung – kollektive ökonomische Zwangsmaßnahmen – Verhaltensänderung im Zielstaat bedarf einer differenzierten Analyse. Diese ist notwendig, um die Wirksamkeit dieses Sanktionsinstruments im Rahmen der Friedenssicherung zu werten. Dies bezieht sich auf die Formulierung klarer Ziele, die Auswahl geeigneter Sanktionstypen, realistische Annahmen über den Wirkungsmechanismus und die Instrumente zur effektiven Durchsetzung und Kontrolle der MÖSR.

3 Der Entwurf multilateraler ökonomischer Sanktionsregime

3.1 Das Konzept und der Rahmen multilateraler ökonomischer Sanktionsregime

Multilaterale ökonomische Sanktionen sind Instrumente der kollektiven Intervention im Rahmen der SKS/VN. Die multilateralen ökonomischen Sanktionen sind zu unterscheiden von unilateralen ökonomischen Sanktionen in den internationalen Wirtschaftsbeziehungen (Retorsionen und Repressionen). Unilaterale ökonomische Sanktionen werden benutzt, um den Zielstaat ökonomisch zu schaden. Der Einsatz ökonomischer Druckmittel in den bilateralen Wirtschaftsbeziehungen ist nicht generell untersagt (Freiheit der Wahl des Handelspartners). Diese Instrumente sind jedoch rechtswidrig, wenn gegenseitige Verpflichtungen in multilateralen Verträgen (z. B. im WTO-Handelssystem) bestehen oder sie auf die Änderung des politischen und ökonomischen Systems im Zielstaat gerichtet sind. Eine spezifische Kategorie bilden Sanktionen als Element multilateraler ökonomischer Verträge.

Multilaterale ökonomische Sanktionen verfolgen primär sicherheitspolitische Ziele, d. h. sie sind darauf gerichtet, das sicherheitsgefährdende Verhalten des Zielstaates zu beeinflussen. Sie dienen dazu, ein Verhalten zu erzwingen, das mit den Prinzipien und Normen der zwischenstaatlichen Beziehungen vereinbar ist. Die Gesamtheit der Ziele, der ökonomischen Sanktionen, der Institutionen und der Durchsetzungsmechanismen bilden das multilaterale ökonomische Sanktionsregime (MÖSR). Entsprechend den Funktionsprinzipien des SKS/VN können MÖSR nicht gegen die Interessen der SM/SR errichtet werden. Sie richten sich in der Regel gegen mittlere und kleinere Mächte, denen in internationalen Konflikten Fehlverhalten vorgeworfen wird.

Baldwin[6] hat in seiner grundlegenden Arbeit drei Bedeutungen von Sanktionen, nämlich die Nutzung ökonomischer Instrumente zur Durchsetzung völkerrechtlicher Normen, zur Durchsetzung bestimmter Werte und zur Beeinflussung des Verhaltens der Zielstaaten beschrieben. Diese Funktionen sind im MÖSR als Zwangsinstrument im SKS/VN verwirklicht.

Die Blockierung der Anwendung des SKS/VN in der Zeit des Ost-West-Konflikts bis 1990 führte zur extrem selektiven Anwendung MÖSR. Diese betrafen Rhodesien (1965-79) und Südafrika (1961-94). Das Ende des Ost-West-Konflikts führte zu einer stärkeren Nutzung des Instruments kollektiver ökonomischer Sanktionen (Irak, Jugoslawien, Libyen, Angola, Sierra Leone, Liberia, Haiti, Sudan, Kambodscha, Afghanistan, Ruanda, Somalia). Die unterschiedlichen Konfliktsituationen bedingten differenzierte MÖSR. Dies betraf die konkreten Ziele als auch den Umfang und Typ der eingesetzten Sanktionen (s. Box 13).

Die Anwendung kollektiver ökonomischer Sanktionen als Teil des SKS/VN bietet die Chance für die Bildung breiter Koalitionen, die Sicherung der Legitimität der Sanktionen, die rechtliche Bindung der Mitgliedstaaten und die effektive Wirkung auf das Verhalten der Zielstaaten. MÖSR können eigenständig wirken, aber auch die Vorstufe zu militärischen Sanktionen bilden. MÖS bieten keine Garantie gegen Verstöße bezüglich der Grundnormen der zwischenstaatlichen Beziehungen. Sie können aber Verstöße vorbeugend verhindern bzw. erfolgte Verstöße korrigieren. Sie stellen die kollektive Reaktion der internationalen Staatengemeinschaft auf Normverletzungen dar. Bisher eingesetzte MÖSR basierten auf der Feststellung einer Bedrohung der internationalen Sicherheit durch den VN/SR. Der Sender der Sanktionen, die internationale Staaten-

---

6   Baldwin, "Economic Statecraft", Princeton University Press, 1987.

gemeinschaft, ist von dem Motiv geleitet, durch die Anwendung von MÖS die Zielstaaten zu veranlassen, ihr sicherheitsbedrohendes Verhalten zu ändern. Diesem Motiv liegt ein Konsens über anerkannte völkerrechtliche Normen zugrunde, die es zu erzwingen gilt. Dies bedeutet, dass MÖS keine engen nationalen Sicherheitsinteressen verfolgen und keine Strafaktionen darstellen. In MÖSR werden auch verstärkt positive Anreize in der Form teilweiser Suspendierung der Sanktionen bei Verhaltensänderungen der Zielstaaten angewandt (so genanntes bargaining model).

Die Friedensbedrohung als Motiv für den Einsatz MÖS bezieht sich auf spezifische Konflikttypen (zwischenstaatliche Konflikte, innerstaatliche Konflikte mit internationalen Wirkungen und Konflikte als Folge terroristischer Akte).

Einen speziellen Konflikttyp stellt die Weiterverbreitung nuklearer Waffen dar. Die illegale Weiterverbreitung (Verletzung der Bestimmungen des Nichtweiterverbreitungsvertrages) bedroht die internationale Sicherheit. Dies kann Zwangsmaßnahmen nach Kap. VII SVN zur Folge haben. Die Ankündigung Nordkoreas Ende 2002, den Nichtweiterverbreitungsvertrag zu verletzen, löste bereits die Forderung der USA nach MÖS gegen Nordkorea aus. Die USA hatten zuvor bereits unilaterale ökonomische Sanktionen ergriffen.

Die gezielte kollektive Einwirkung auf Nordkorea wird zunächst die Koordination der Positionen, speziell zwischen den USA, Russland und China, erfordern, ehe der Mechanismus des SKS/VN einschließlich der Anwendung MÖS zur Wirkung kommen kann.

3.2 Ziele multilateraler ökonomischer Sanktionsregime

Die Ziele MÖSR ergeben sich aus den Verstößen gegen völkerrechtliche Normen der zwischenstaatlichen Kooperation und dem Versuch durch ökonomischen Druck auf die Zielstaaten diese Verstöße zu korrigieren bzw. zu verhindern. In der Literatur werden folgende Gruppen von Zielen genannt:[7]

A) Abschreckung	Die Macht des VN/SR zur Festlegung ökonomischer und militärischer Zwangsmaßnahmen soll Staaten von Normverletzungen abhalten (präventive Wirkung)
B) Erzwingung normkonformen Verhaltens	In Fällen von Verstößen sollen die Zielstaaten zur Änderung der Politik veranlasst werden
C) Konfliktbegrenzung	Durch den Einsatz von kollektiven Zwangsmaßnahmen soll zumindest eine teilweise Änderung des Konfliktverhaltens erreicht werden

Die methodische Gruppenbildung von Zielen ist eine theoretische Konstruktion. Die Realität von Sanktionsregimen zeigt eine Mischung verschiedener Ziele. Die Festlegung der Ziele durch den VN/SR ist eine Folge der Bewertung der Konfliktsituation und der Politik der Zielstaaten. Ein Beispiel bildet das Irak-Sanktionsregime. Die multilateralen ökonomischen Sanktionen waren zunächst auf das Ziel gerichtet, die Okkupation Kuwaits zu beenden [SR 661 (90)]. Nach Abschluss des Waffenstillstandes wurden in SR-687 (91) neue Ziele wie Abrüstungsmaßnahmen festgelegt. Die Ziele waren stets auf eine Verringerung der Bedrohung der internationalen Sicherheit gerichtet. Regimewechsel bzw. Änderung des politischen und ökonomischen Systems des Zielstaates ist kein legi-

---

7 Doxey, "International Sanctions in Contemporary Perspective", Second Edition, St. Martins Press, New York 1996.

times Ziel. Dem entspricht auch die Neufestlegung der Ziele in SR-Res. 1441 (01) entgegen ursprünglich geäußerten Zielen der USA bezüglich eines Regimewechsels.

Box 8: Ziele multilateraler ökonomischer Sanktionsregime

Zielgruppe	Absichten VN/SR

Normverletzende Staaten	• *Übermittlung von*
	  – Verurteilung Verhalten
	  – Anzeige von Missbilligung
	  – Protest, Warnung
	• *Folgen*
	  – Kosten für die Senderstaaten
	  – ökonomische und politische Wirkung in dem Zielstaat
	• *angestrebte Ziele*
	  – Politikänderung
	  – Konfliktbegrenzung
	  – Durchsetzung von Normen
	  – Abschreckung potenzieller Normverletzer
	  – Demonstration politischen Handelns gegenüber der Öffentlichkeit

Eine weitere Unterscheidung der Ziele von MÖSR kann nach substanziellen und symbolischen Zielen erfolgen. Den Kern der Zielstellung bilden sicherheitspolitische Ziele, d. h. eine Verringerung der Friedensbedrohung durch Änderungen in der Sicherheitspolitik des Zielstaates. Die normverletzende Politik des Zielstaates kann eine Reihe einzelner Maßnahmen umfassen. Die Ziele der Anwendung von Zwangsmaßnahmen können entsprechend den einzelnen konkreten Normverletzungen in Teilziele zerlegt werden. Die SR-Res. 687 (91) hat im Falle Iraks z. B. neben den Abrüstungsmaßnahmen andere Teilziele wie Kompensationsmaßnahmen und Grenzfestlegungen formuliert.

Entsprechend der Wirkungskette von MÖS ist zwischen mittelbaren und unmittelbaren Zielen zu unterscheiden. Die MÖS sind zunächst auf ein Zwischenziel (unmittelbares Ziel) nämlich die Schwächung der Wirtschaft des Zielstaates gerichtet. Dies entspricht der Natur des ökonomischen Zwangsinstruments. Dieses Zwischenziel ist aber nur Mittel zur Realisierung des eigentlichen Zieles der Veränderung der Sicherheitspolitik des Zielstaates. Die Beziehung zwischen unmittelbaren und finalen Zielen ist nicht immer eindeutig.

In der Realität MÖSR sind oft, neben substanziellen sicherheitspolitischen auch so genannte symbolische Ziele anzutreffen. Solche symbolischen Ziele sind eher auf den Abbau innenpolitischen Drucks in den Sendestaaten gerichtet. Den Druck der öffentlichen Meinung (so genannter CNN-Effekt) zwingt die Regierungen auf bestimmte Konflikte und ihre Folgen zu reagieren. Die Regierungen scheuen oft die Kosten multilateraler Zwangsmaßnahmen. In solchen Fällen werden symbolische Aktionen unternommen ohne ernsthafte Einwirkung auf den Normverletzer. Die Festlegung der Ziele von MÖSR muss auch einen Zeitrahmen enthalten. Es sollten positive Anreize für die Zielstaaten zur Veränderung des Verhaltens gegeben werden. Bei Erfüllung gewisser Teilziele kann eine teilweise Suspendierung von Sanktionen einen solchen Anreiz bilden. Der VN/SR muss regelmäßig den Grad der Zielerreichung bewerten. Im Falle des Irak-Sanktionsregimes wurden für die Erreichung solcher Teilziele keine Anreize gesetzt. Die USA verstärkten systematisch den Druck und fügten neue Bedingungen hinzu. Dies führte zu teilweise berechtigten Beschwerden Iraks, da es sich um "bewegliche Ziele" handle, deren Realisierung praktisch unerreichbar sei. Die Argumente des Irak führten zu Versuchen das Sanktionsregime zu ändern. (Lockerung des Handelsembargos bei gleichzeitiger Verschärfung des Waffenembargos). Dies scheiterte an der harten Haltung der USA im VN/SR. Diese hat sich nach den terroristischen Anschlägen verstärkt und zur Androhung erneuter militärischer Sanktionen geführt.

Eine Frage, die mit der Festlegung der Ziele eng verknüpft ist, ist die der Lastenverteilung zwischen den am MÖSR beteiligten Staaten. Vom Sicherheitsrat beschlossene MÖS sind für die Mitgliedstaaten verbindlich. Diese müssen nationale Maßnahmen zu ihrer Umsetzung treffen. Dies verursacht Kosten. Die Unterbrechung der Handels- und Finanzbeziehungen hat negative ökonomische Konsequenzen speziell für die Nachbarstaaten und Handelspartner des mit Sanktionen belegten Zielstaates. Weitere Kosten entstehen für die Errichtung angemessener Überwachungs- und Kontrollsysteme.

Box 9: Kosten multilateraler ökonomischer Sanktionsregime

Grundlage	Normverletzung Zielstaat Feststellung Bedrohung IFS Festlegung ökonomischer Zwangsmaßnahmen Rechtliche Bindung für Mitgliedstaaten Regelung der Lastenverteilung
1. Handel • Exporte	– Ausfall von Exporterlösen – Verlust von Aufträgen – Verlust an Transitgebühren – Verlust ausländischer Direktinvestitionen – Verlust Erlöse aus Transport- und Kommunikationsdienstleistungen

- Importe
  - Wegfall von Importoptionen
  - Verteuerung von Importen
  - Verlust aus noch ausstehenden oder bereits bezahlte Lieferungen

2. Finanzen
   - Verlust von Transferzahlungen
   - Kreditausfälle
   - Ausfall von Anleihen
   - Konfiszierung von Vermögen

3. Kosten der Durchsetzung der MÖS
   - Kosten für rechtliche Regelungen
   - Kosten für Überwachungs- und Kontrollsysteme

Die Lasten/Kosten MÖSR verteilen sich unterschiedlich auf die Staaten abhängig von ihrer Größe, territorialen Lage und der Intensität der wirtschaftlichen Beziehungen zum Zielstaat. Diese Kosten müssen im Interesse der internationalen Sicherheit übernommen werden. Sektorale Wirkungen müssen innerhalb der Staaten ausgeglichen werden. Auf der internationalen Ebene müssen die Kosten für internationale Kontrollsysteme von den ökonomisch starken Staaten übernommen werden. Nach Art. 50 SVN müssen Kompensationen für extreme Belastungen einzelner Staaten beraten werden (Konsultation des VN/SR).

Diese Lösung dieser Fragen beeinflusst wesentlich die Bereitschaft der Mitgliedstaaten MÖSR wirksam umzusetzen.

3.3 Annahmen bezüglich des Wirkungsmechanismus multilateraler ökonomischer Sanktionen

Die grundlegenden Modelle der Wirkung multilateraler ökonomischer Sanktionen gehen von folgender **Wirkungskette** aus:

Verstoß gegen völkerrechtliche Normen durch den Zielstaat
↓
Feststellung der Friedensbedrohung durch den VN/SR
und Bestimmung der Ziele
↓
Festlegung und Umsetzung ökonomischer Sanktionen durch
VN/SR und MGS
↓
ökonomische Wirkung auf den normverletzenden Zielstaat
↓
Politischer und ökonomischer Druck auf die Führung
des Zielstaates
↓
Veränderung der friedensbedrohenden Politik durch den Zielstaat
Dabei werden Elemente des Zwanges verbunden mit positiven Anreizen für Verhaltensänderungen.

Es werden folgende grundsätzliche **Annahmen** gemacht:

1. Die Sicherheitspolitik des Zielstaates ist für die Friedensbedrohung bzw. den -bruch verantwortlich.
2. Die politische Führung des Zielstaates handelt in gewissen Grenzen rational. Sie wägt Vorteile und Kosten ihres Verhaltens ab. Sie versucht die Belastungen durch kollektive Zwangsmaßnahmen zu vermeiden.
3. Die MÖS bewirken eine Verschlechterung der wirtschaftlichen Lage im Zielstaat.
4. Die negativen Wirkungen ökonomischer Sanktionen betrifft die Bevölkerung des Zielstaates und wirtschaftliche Interessengruppen. Dies erhöht, abhängig von der Natur des politischen Systems im Zielstaat, den Druck auf die politische Führung die friedensbedrohende Sicherheitspolitik zu ändern.

5. Der positive Anreiz besteht in der teilweisen bzw. vollständigen Aufhebung der Sanktionen bei Erreichen der festgelegten Ziele und Teilziele.

Diese Annahmen belegen die Komplexität des Funktionsmechanismus MÖSR und die Schwierigkeiten bei der exakten Bestimmung der beabsichtigten Wirkungen. MÖS sind ein komplexes Instrument, dessen Wirkung von zahlreichen Faktoren abhängt.

Das Irak-Sanktionsregime demonstriert die Bedeutung klar formulierter Ziele, Bedingungen und Typen von Sanktionen. Es zeigt zugleich, dass eine Schwächung der Wirtschaft als Zwischenziel durchaus erreicht wurde. Dies verursachte extreme soziale Härten für die Zivilbevölkerung. Die Annahme der direkten Umsetzung der ökonomischen und sozialen Folgen in politischem Druck auf die Führung Iraks traf nur begrenzt zu. Dies ist eine Folge des repressiven politischen Regimes. Dies begrenzt den Einfluss der Zivilgesellschaft auf politische Entscheidungsprozesse. Die entstandene soziale Lage wurde z. T. sogar benutzt, die Bevölkerung für das Regime zu motivieren und die Opposition zu schwächen. Dies geschah mit dem Hinweis auf die äußeren Faktoren (Sanktionen) als Ursache der Missstände. Die wahren Ursachen für die Sanktionen wurden dabei nicht erwähnt.

3.4 Typen ökonomischer Sanktionen

Multilaterale Sanktionsregime umfassen neben der Festlegung von Zielen die Wahl der anzuwendenden Typen von ökonomischen Sanktionen und die notwendigen Maßnahmen zur Durchsetzung (s. Kap. 4). Beim Entwurf MÖSR muss unter Berücksichtigung der Ziele und der potenziellen Wirkung der Umfang und Typ anzuwendender Sanktionen bestimmt werden. Ökonomische Sanktionen umfassen eine Vielzahl von Handels-, Finanz-, Technologie-, Transport- und kommunikationsbezogene Sanktionen (s. Box 10).

Box 10: Typen multilateraler ökonomischer Sanktionen[8]

1. Diplomatische und politische Maßnahmen
- Verurteilung, öffentlicher Protest
- Kündigung offizieller Besuche, Konferenzen, Verhandlungen und Verträge
- Reduzierung des Umfangs diplomatischer und konsularischer Beziehungen
- Abbruch der diplomatischen Beziehungen
- Verweigerung des Eintritts bzw. Ausschluss aus internationalen Organisationen

2. Kulturelle, Transport- und Kommunikations-Sanktionen
- Reduzierung der kulturellen und wirtschaftlichen Beziehungen
- Reise- und Visabeschränkungen
- Begrenzung/Abbruch von Kommunikationsbeziehungen
- Begrenzung von Lande- und Überflugrechten
- Verweigerung von Transit und des Zugangs zu Häfen

3. Ökonomische Maßnahmen

A) Finanzielle Maßnahmen
- Reduzierung der offiziellen Entwicklungshilfe
- Kündigung von Krediten
- Blockierung des Zugangs zum Kapitalmarkt
- Einfrierung von Konten
- Konfiszierung von Vermögen
- Einstellung von Transferzahlungen
- Einbehalten von Exporterlösen
- Durchsetzung von Kompensationszahlungen

---

[8] In Anlehnung an Doxey, a. a. O.

B) Handels- und Investitionsmaßnahmen
- Import- und Exportverbote
- Kündigung von Im- und Exportlizenzen
- Waffenembargos
- Einstellung von Direktinvestitionen
- Entzug von Fischereirechten
- Abbruch von Projekten
- diskriminierende Tarifsätze
- Aufkündigung von Handels- und Investitionsabkommen
- Verweigerung von Versicherungsleistungen
- Abbruch von Trainingsprogrammen

4. Technologiebezogene Maßnahmen
- Verbote von Technologietransfers
- Verweigerung von Patentrechten
- Verbot von Waffenproduktionen

Die Auswahl der Sanktionstypen in MÖSR bedarf einer genauen Analyse ihrer potenziellen Wirkung im konkreten Fall. Dabei sind auch die Möglichkeiten der Durchsetzung in Betracht zu ziehen.

Diese breiten Typen von Sanktionen werden zunehmend durch so genannte gezielte Sanktionen ergänzt. Diese sollen nicht indirekt über die negative Wirkung auf die Wirtschaft, sondern möglichst direkt auf die politischen Entscheidungsscheidungsträger der Zielstaaten wirken und auf selektiven Maßnahmen basieren.[9]

Cortright analysiert Fälle der Anwendung gezielter Sanktionen in verschiedenen Regimes und bestätigt eine z. T. starke Wirkung. Dies betrifft u. a.

---

9 Vgl. dazu Cortright, "Sanctions and the Search for Security", Riener Publisher, Boulder/London 2002.

Gezielte Finanzsanktionen

Die Akteure in sicherheitsbedrohenden Konflikten stützen sich oft auf komplexe finanzielle Netzwerke. Die Unterbrechung solcher Netzwerke hat direkten Einfluss auf die politischen Eliten. Dies betrifft z. B. Maßnahmen zur Verhinderung illegaler Kapitalflüsse, Unterbindung von Geldwäsche, Einfrieren persönlicher Konten und Kreditsperren. Die Durchsetzung solcher gezielter Maßnahmen bedingt entsprechende nationale und internationale Regulierungen.

Das Sanktionsregime Irak enthält Maßnahmen zur Sperrung von Vermögen der Regierung Iraks. Im Sicherheitsrat wurden keine Festlegungen zur Konfiszierung von individuellem Vermögen der Führung Iraks beschlossen. Dies verminderte den finanziellen Druck auf die politische Führung. Es wurden aber Festlegungen bezüglich der Verwendung von Exporterlösen getroffen. Diese werden für humanitäre Importe, Kompensationszahlungen und zur Deckung der Kosten der VN benutzt (Inspektionsregime, humanitäre Hilfe für die Kurden).

Verkehrs- und Reisebeschränkungen

Die gezielten Sanktionen umfassen Reiseverbote, Visaverweigerung und Verbot von Flügen in den Zielstaat. Die SR-VN 670 (90) untersagte Flüge nach Irak. Dieser Typ von Sanktionen kann direkt auf die Entscheidungsträger des Zielstaates gerichtet werden. Die Durchsetzung solcher Sanktionen erfordert spezifische Informationen und nationale Maßnahmen. Staaten, die solche Sanktionsfestlegungen nicht anwenden, müssen ihrerseits Sanktionen (so genannte secondary sanctions) unterworfen werden.

In Iraks Sanktionsregime dominieren Handels- und Finanzsanktionen. SR-670 (90) beschloss zusätzliche Beschränkungen des Luftverkehrs. Spezielle Reisebeschränkungen für die politische Führung werden später beschlossen [SR 1137 (97)]. Das Flugverbot und die Reisebeschränkungen wurden nur mangelhaft gesetzt. Dies begrenzte ihre Wirkung.

Waffenembargos

Die gezielte Unterbindung von Waffenlieferungen begrenzt die Aktionsmöglichkeiten von normverletzenden Staaten. Dieser Typ gezielter Sanktionen wird häufig benutzt.

Zielstaat	Entsprechende Resolution VN/SR
Irak	SR-661 (90)
Jugoslawien	SR-713 (91)
	SR-1160 (98)
Somalia	SR-733 (92)
Libyen	SR-748 (92)
Liberia	SR-788 (92)
Haiti	SR-841 (93)
Angola/	SR-864 (93)
Sierra Leone	SR-1132 (97)
Äthiopien/Eritrea	SR-1298 (2000)
Afghanistan	SR-1333 (2000)

Die Waffenembargos betreffen unterschiedliche Arten von Waffensystemen. Das erfordert zur Durchsetzung nicht nur Grenzkontrollen, sondern u. U. Inspektionen im Zielstaat (zur Kontrolle der Bestände und der Produktion von spezifischen Waffen).

Die Durchsetzung der Waffenembargos erfordert koordinierte Aktionen der Produzenten/Exporteure und die Unterbindung illegalen Waffenhandels. Gezielte finanzielle Sanktionen können die Möglichkeiten von Waffenimporten durch die Zielstaaten erheblich begrenzen. Dies reduziert das Bedrohungspotenzial.

Rohstoffsanktionen

Die Abhängigkeit der Exporterlöse bestimmter Zielstaaten vom Export einzelner Rohstoffe bietet die Möglichkeit gezielte Sanktionen anzuwenden. Iraks Öl- und Angolas Diamantenexporte sind beredte Beispiele. Die Kontrolle und Begrenzung der Exporte als spezifische Sanktion erfordert wirksame internationale Regelungen und gemeinsame Standards (Ursprungsregeln). Die Fokussierung auf einzelne exportbestimmende Rohstoffe betrifft die politische Führung in solchen Zielstaaten direkt, da andere Optionen für die Beschaffung von Devisen oft nicht existieren. Dies schränkt z. B. den Waffenimport ein.

3.5 Analyse der Wirkung multilateraler ökonomischer Sanktionen auf den Zielstaat

Die Wirkung MÖSR bestimmt den Erfolg des Sanktionsregime. Die Bewertung des Erfolgs erfolgt anhand der Erreichung der sicherheitspolitischen Ziele, d. h. der politischen Veränderungen im sanktionierten Zielstaat. Die Zwischenziele sind negative Wirkungen auf die wirtschaftliche und soziale Lage der Zielstaaten und das Erzeugen von Druck der Zivilgesellschaft auf die politische Führung (s. Ausführungen über Annahmen bezüglich der Wirkungskette). Es handelt sich im Falle MÖSR um die Anwendung ökonomischer Instrumente für politische Ziele. Im Falle gezielter ökonomischer Sanktionen ist die Wirkung auf die politischen Entscheidungsträger direkter. Die Beurteilung der Wirkung MÖSR erfordert auch die Erreichung von Teilzielen zu werten.

Eine differenzierte Wertung der Wirkung MÖSR schließt ein

A) Politische Effektivitätskriterien
Diese Kriterien beziehen sich auf den Grad der Durchsetzung sicherheitspolitischer Ziele. Diese bewerten die Verhaltensänderung des Zielstaates und den Grad der Reduzierung der Sicherheitsbedrohung. Die Messung der negativen Wirkung auf die Wirtschaft des Zielstaates kann anhand ökonomischer Indikatoren erfolgen. Dabei handelt es sich aber nur um ein Zwischenziel. Die Umsetzung negativer ökonomischer Wirkungen in konkrete politische Verhaltensänderung ist ein weiteres Effektivitätskriterium.

B) Rechtliche Kriterien sind eng mit den politischen Effektivitätskriterien verbunden. Die Kriterien dienen der Wertung solcher Faktoren wie der Durchsetzung zentraler völkerrechtlicher Normen, die Feststellung der Friedensbedrohungen und die Ableitung angemessener Ziele für die MÖSR.

C) Die ökonomischen Effizienzkriterien bewerten den Aufwand für die Durchsetzung der MÖSR in Relation zu den festgelegten Zielen (Verhältnismäßigkeit) sowie die Verteilung der Lasten zwischen den VN/MGS.

Die Beurteilung der potenziellen Wirkung MÖSR auf den Zielstaat und seine Sicherheitspolitik beim Entwurf der Regime ist schwierig. Die Ziele der MÖSR müssen der Normverletzung entsprechen. Die Abschätzung der Wirkung der Sanktionen auf die nationale Wirtschaft des Zielstaates setzt eine ökonomische Analyse (Wirtschaftssystem, Wirtschaftsstruktur, Handels- und Finanzbeziehungen, Haushalts- und Leistungsbilanz, Natur- und Personalressourcen etc.) voraus. Dies erlaubt die Wahl wirksamer Typen von Sanktionen und die Schätzung ihrer Wirkung. Dabei geht es nicht um die totale Zerstörung der Wirtschaft des Zielstaates, sondern um die Annahme darüber, welche negativen ökonomischen Wirkungen zum Druck der Zivilgesellschaft auf die politische Führung führen. Dies erfordert neben der ökonomischen Analyse die Analyse des politischen Systems. Die Struktur der politischen Entscheidungsprozesse im Zielstaat bestimmt darüber, ob und wie ökonomische und soziale Folgen der Sanktionen zur Veränderung der Sicherheitspolitik des Zielstaates führen.

Die Einbeziehung humanitärer Ausnahmeregelungen in den Entwurf MÖSR kann zur Minderung der negativen sozialen Folgen für die Zivilbevölkerung führen. Dies ist umso wichtiger, da die Anwendung ökonomischer Zwangsmaßnahmen eine zeitweilige Verschlechterung der wirtschaftlichen Situation bewusst in Kauf nimmt. Dies ist notwendig, um Verhaltensänderungen der politischen Führung zu erreichen, aber auch dafür die Öffentlichkeit der Zielstaaten auf die negativen Konsequenzen nationaler Sicherheitspolitik aufmerksam zu machen. Die Analyse der potenziellen Wirkung von MÖSR erfordert auch eine Bewertung der Optionen des Zielstaates für Ausweich- und Umgehungsstrategien.

Eine vollständige Analyse der Wirkung erfordert zusätzlich Informationen über die Struktur der politischen Führung, ihre Strategien, den Ablauf politischer Entscheidungsprozesse, die Rolle der Opposition, den Einfluss von Vertretern der Zivilgesellschaft etc. Erst diese Informationen erlauben Annahmen über die Beeinflussbarkeit der politischen Entscheidungen durch äußeren ökonomischen Druck.

3.6 Negative humanitäre Wirkungen

Die MÖSR haben bis zu einem gewissen Grad, entsprechend ihrer Natur als Zwangsmaßnahmen, negative Wirkungen auf die Ökonomie des Zielstaates. Dies hat soziale Folgen, speziell für die sozial schwachen Schichten der Bevölkerung. Diese Schichten verfügen, speziell in repressiven politischen Systemen über wenig Einfluss auf politische Entscheidungsprozesse. Diese negativen sozialen Folgen von Sanktionen sind natürlich ursächlich die Folge der friedensbedrohenden Sicherheitspolitik des Zielstaates. Dafür ist die politische Führung verantwortlich. Es ist deshalb nicht gerechtfertigt, die Schuld für die sozialen Folgen den VN und damit der internationalen Staatengemeinschaft zuzuweisen. Dies erfolgt oft durch nichtstaatliche Organisationen, verwechselt aber Ursache und Wirkung. Diese Position hilft indirekt den Normverletzern. Eine rationale Kritik überzogener Sanktionsmaßnahmen schließt das nicht aus. Das angemessene Verhältnis von Normverstoß, Zielen, Maßnahmen und negativen sozio-ökonomischen Wirkungen ist Teil realistischer Sanktionsregime. Die Festlegung humanitärer Ausnahmeregelungen kann die extremsten sozialen Folgen mindern.

Im Irak-Sanktionsregime [SR-706 und 712 (91)] wurde ein Arrangement realisiert, das Irak erlaubte, innerhalb von sechs Monaten für 1,6 Mrd. Dollar Öl und Ölprodukte zu exportieren. Die Exporterlöse fließen in ein VN-Konto. 30 % der Erlöse werden für die Zahlung von Kompensationen benutzt. Die restlichen Erlöse werden zur Deckung der Kosten der VN (Waffeninspektion, Waffenzerstörung etc.) und für VN-bestätigte und über die VN verteilte Importe von Lebensmitteln und Medikamenten verwendet. Das irakische Regime lehnte diese Regelung zunächst ab. Dies wirft ein bezeichnendes Licht auf das Verhalten des Regimes angesichts gravierender sozialer Nöte der Bevölkerung. Die Festlegungen für Exportquoten wurden später weiter erhöht und von Irak akzeptiert. Das "Food for Oil"-Programm zeigt das Bestreben der VN, die sozialen Auswirkungen der Sanktionen zu mildern. Zugleich muss der ökonomische Druck auf den Irak fortgesetzt werden, um durch Abrüstungsmaßnahmen eine Bedrohung der internationalen Sicherheit durch den Irak auszuschließen.

3.7 Negative Folgen für Drittstaaten

Artikel 25 SVN enthält die rechtliche Verpflichtung der MGS/VN, die MÖSR durch nationale Maßnahmen durchzusetzen. Im Artikel 49 SVN verpflichten sich die MGS bei der Durchsetzung der Sanktionen zu kooperieren. Art. 50 SVN räumt den MGS das Recht ein, den VN/SR zu konsultieren, um eine Kompensation extremer Verluste zu erreichen, die aus der Realisierung der MÖSR entstehen.

Die bisherigen Konsultationen nach Art. 50 SVN sind formaler Art. Das VN-Sekretariat hat Berichte veröffentlicht, in denen die angegebenen Verluste einzelner Staaten zusammengefasst werden. Diese Berechnungen basieren auf Angaben der betroffenen Staaten. Es gibt keine einheitliche Methodik zur Bewertung der Verluste. Es gibt nur die generelle Forderung an VN-System-Organisationen (Weltbank, Entwicklungsprogramm, regionale Entwicklungsbanken), die speziellen Probleme zu berücksichtigen. Ein spezieller Kompensationsfond besteht nicht.

Im Irak-Sanktionsregime, das nunmehr mehr als 10 Jahre andauert, haben Nachbarstaaten wie Jordanien, Saudi Arabien und die Türkei erhebliche Verluste erlitten. Insgesamt machten 25 Staaten Ansprüche nach Art. 50 SVN geltend. Der VN/SR beauftragte mit SR-669 (90) den Irak-Sanktionsausschuss, die entsprechenden Anträge auf Kompensation zu prüfen. Die Verluste wurden auf 30 Mrd. Dollar geschätzt. Konkrete Beschlüsse bezüglich Kompensationen wurden nicht gefasst, da ein Finanzierungsmechanismus fehlte.

Besonders betroffen durch das Irak-Sanktionsregime ist Jordanien. Die Unterbrechung der Handelsbeziehungen und der Transportverbindungen verursachten hohe Verluste. Jordanien verlor 30 % seiner Exporterlöse und die Einnahmen aus Transitgebühren. Hinzu kamen die Belastungen durch die Aufnahme von Flüchtlingen. Irak verweigerte die Schuldenzahlungen an Jordanien und die

Überweisungen jordanischer Staatsbürger aus Irak entfielen. Die Verluste für Jordanien beliefen sich auf 1,5 Mrd. Dollar/Jahr. Im Falle Jordaniens wurden spezielle finanzielle Kompensationen vorgenommen (WB, IWF). Andere Staaten bekamen zwar durch den VN/SR die Rechtmäßigkeit der Forderungen nach Verlustausgleich bestätigt, aber es erfolgten keine nennenswerten Kompensationen.

Der Spezialausschuss der UN-GV bezüglich der Charta der Vereinten Nationen hat sich von 1992 bis 1994 ebenfalls mit den "Kollateralschäden von MÖSR" befasst.[10] Die "Agenda for Peace"[11] enthält ebenfalls eine Reihe von Vorschlägen. Das betrifft speziell die Errichtung eines Kompensationsmechanismus. Diese Vorschläge wurden bisher nicht realisiert. Das Argument, dass Art. 50 SVN ein Recht zur Konsultation, aber nicht zur Kompensation enthält, ist nicht besonders zielführend. Es wurde weiter argumentiert, dass eine explizite Betrachtung der Kosten/Verluste von MÖSR vor ihrer Umsetzung die Bereitschaft zur Anwendung sicherheitspolitisch notwendiger MÖSR beeinträchtigen könnte.

Es kann nicht darum gehen, beim Entwurf von MÖSR zu versuchen, die Lasten exakt abzuschätzen. Notwendig ist aber im Prozess der Umsetzung der MÖSR flexible Reglungen zu finden. Das betrifft die Methodik zur Erfassung der Verluste, die Kriterien für die Bewertung von Kompensationsansprüchen und den Finanzierungsmechanismus.

3.8 Bewertung multilateraler ökonomischer Sanktionsregime

Die Realisierung der sicherheitspolitischen Ziele/Teilzeile entscheidet über den Erfolg MÖSR. Entsprechend der Wirkungskette sind negative ökonomischer Folgen für den Zielstaat nur Mittel

---

10   VN-Doc. S/6705.
11   VN-Doc. A50/60.

zum Zweck. Entscheidend für das Erreichen der sicherheitspolitischen Ziele sind

1. die Formulierung klarer politischer Ziele, abgeleitet aus der Analyse der Sicherheitsbedrohung;
2. die ökonomische und politische Analyse des Zielstaates um potenzielle Wirkungen von ökonomischen Sanktionen realistisch zu bewerten;
3. die Auswahl geeigneter Sanktionstypen, einschließlich smarter Sanktionen;
4. die Durchsetzung der MÖS durch nationale Maßnahmen und die administrativen VN-Kapazitäten;
5. die Festlegung humanitärer Ausnahmereglungen (Inhalt, Kontrollsystem, Verteilung);
6. die Einführung und Durchsetzung effizienter Kontroll- und Überwachungssysteme;
7. den Aufbau eines Kompensationsmechanismus für die Bewertung und den Ausgleich extremer Belastungen für Mitgliedstaaten.

Die Berücksichtigung der genannten Probleme beim Entwurf MÖSR verlangt, dass der VN/SR seine Entscheidungen auf gründliche Analysen stützen muss. Die entsprechenden nationalen Kapazitäten müssen unbedingt ergänzt werden durch kompetente Einheiten im VN-System. Der Vorschlag der VN-GS zur Schaffung dieser Kapazität bedarf noch der Realisierung. Die Einberufung von Expertengruppen zu speziellen konzeptionellen und methodischen Problemen[12] der Sanktionsregime ist nützlich.

---

12 Die vom Autor geleiteten Expertengruppen zur Ermittlung der ökonomischen Wirkung von Sanktionen und zur Problematik der Kompensation von Drittstaaten haben wertvolle Beiträge geleistet.

Exkurs MÖSR Irak

Es soll anhand des Sanktionsregimes Irak eine zusammenfassende Darstellung der Wirkungen von MÖS gegeben werden. Einzelne Aspekte des Regimes wurden bereits behandelt.
Das MÖSR Irak hatte *zwei Phasen*

Phase 1 Verhängung umfassender ökonomischer Sanktionen nach der Aggression
Phase 2 Fortsetzung und Verschärfung der Sanktionen nach dem Abschluss des Waffenstillstandes

Box 11 gibt zunächst einen Überblick über das MÖSR/Irak (Sequenz)

Box 11: Multilaterales ökonomisches Sanktionsregime Irak

Sicherheits-ratsresolution	Aktion	Ziel
660 (90)	• Verurteilung Iraks • Forderung nach Truppenrückzug • Forderung nach Grenzverhandlungen	• Warnung Irak
661 (90)	• Verlängerung umfassender ökonomischer Sanktionen • Waffenembargo • Ölembargo • Unterbindung Finanzflüsse • Einfrieren Konten Iraks	• Beendigung Okkupation • Truppenrückzug • Grenzverhandlungen

665 (90)	• Autorisierung von kollektiver Hilfe zur Selbstverteidigung Kuwaits	• Beenden der Okkupation
670 (90)	• Luft- und Schifffahrtssanktionen	
678 (90)	• Autorisierung militärischer Sanktionen	
687 (91)	• Fortführung ökon. Sanktionen • Waffeninspektionsregime (UNSCOM) • Festlegung der Bedingungen für den Waffenstillstand	• Abrüstungsmaßnahmen • Grenzregelungen • Kompensationszahlungen
688 (91)	• Humanitäre Hilfe VN für Kurden • US-Aktion zur Errichtung von Schutzzonen/Flugverbotszonen	• Beenden Repression gegen Kurden
706 (91)	• Autorisierung Öl für Lebensmittel (Ö/L) • Festlegung von Exportquoten • Regelung der Verwendung der Exporterlöse • Verteilung Importe durch VN	• humanitäre Ausnahmen
712 (91)	• Modalitäten Ö/L-Programm	• Bedingungen Res. 687 (91)
778 (91)	• Transfer Fondserlöse auf UN-Konto	

986 (91)	• Erhöhung Exportquote • Einbeziehung Iraks in Verteilung	
1111 (91)	• Ausweitung Ö/L-Programm	
1153 (98)	• Ausdehnung Ö/L-Programm • Erhöhung Exportquote	
1284 (99)	• Neu UN-Inspektion (UNMOVIC)	
1302 (2000)	• Einsatz Expertengruppe Bewertung Situation Irak	
1360/1352 (01)	• Ausdehnung Ö/L-Programm	
1441 (02)	• Verschärfung Waffeninspektion • Durchsetzung Abrüstung Iraks	

A) Erreichung der Ziele

Die Regelungen zur Grenzziehung und die Kompensationsregelungen der SR-687 (91) wurden realisiert. Bezüglich der Abrüstungsmaßnahmen ergibt sich ein differenzierteres Bild. Die geforderte Abrüstung bei Raketen und Atomwaffen wurde weitgehend durchgeführt (Berichte UNSCOM, IAEA). Die Bestände an chemischen Waffen wurden erheblich reduziert. Die Bestände an biologischen Waffen wurden nicht erheblich reduziert. Die Arbeit der UNSCOM-Inspektion wurde durch Irak behindert. Irak beendete die Inspektionen 1998 unter dem Vorwand der Spionagetätigkeit einiger Inspektoren. Irak forderte die Aufhebung der Sanktionen. Russland und Frankreich unternahmen im VN/SR Versuche, das Sanktionsregime zu modifizieren (Lockerung der Handelssanktionen bei Beibehaltung des Waffenembargos). Die USA lehnten ab. Einigung über ein neues Inspektionsregime (UNMOVIC). Verschärfte Inspektionen sind nach Beschluss SR 1441 (02) vorgesehen.

Das endgültige Ergebnis steht noch aus. Bei Verletzung der Bestimmungen SR-1441 (02) sollen im VN/SR ernsthafte Konsequenzen beschlossen werden. Für erneute militärische Sanktionen wäre u. U. eine neue Resolution erforderlich.

Box 12 fasst die Ergebnisse des MÖSR/Irak zusammen. Es ist falsch, zu behaupten, das Regime sei erfolglos gewesen. Teilziele wurden realisiert. Die Wertung der Erreichung einzelner Ziele von SR-Res. 687 (91) ist teilweise umstritten bzw. fehlen zuverlässige Informationen.

B) Ausnahmeregelung für humanitäre Zwecke

Die gravierenden sozialen Konsequenzen der MÖSR/Irak veranlassten den VN-SR in Form des Öl für Lebensmittel-Programms humanitäre Ausnahmeregelungen festzulegen. Die ursprüngliche Weigerung Iraks verzögerte die Einführung des Programms bis 1997. Von 1997 bis 2001 wurde Öl im Wert von 28,6 Mrd. US-Dollar exportiert. Für 16 Mrd. US-Dollar wurden Lebensmittel und Medikamente importiert und durch die VN verteilt. Die Quoten für die Ölexporte wurden 1998 und 1999 weiter erhöht. Die Liste erlaubter Importgüter wurde erweitert. Dieses Programm beweist eine flexible Reaktion des VN/SR, um die negativen sozialen Wirkungen der Sanktionen zu begrenzen.

C) Anpassung des MÖSR/Irak

Im VN/SR gab es Versuche, die Realisierung von Teilzielen mit der Suspendierung bestimmter Sanktionen zu beantworten. Eine

Verringerung der Handelssanktionen wurde erwogen. Differenzen zwischen den SM/SR verhinderten die Anpassung.

Box 12: Erreichung der Ziele des MÖSR/Irak

Bedingungen SR 687 (90) Teilziele	Grad der Realisierung	Kommentar
Territoriale Integrität Kuwaits	erfüllt	• 1994 Anerkennung der Souveränität Kuwaits durch Irak • Akzeptanz der Grenzen
Demilitarisierte Zone	erfüllt	• Errichtet nach Ende des Golfkrieges
Feststellung und Zerstörung ballistischer Raketen, chemischer und biologischer Waffen	teilweise erfüllt	• Arbeit UNSCOM • Zerstörung Waffen • Unklarheit bei biologischen Waffen
Eliminierung atomarer Waffen	erfüllt	• Bestätigung IAEA
Rückgabe Eigentum	teilweise erfüllt	• Rückgabe staatlicher bzw. nichtprivaten Eigentums
Akzeptanz Verantwortung für Kriegsschäden	teilweise erfüllt	• keine formale Anerkennung durch Irak, aber Kompensationsfond
Ablehnung Terrorismus	formal nicht erfüllt	• keine formale Erklärung Iraks, aber keine Beweise

Die harte Haltung der USA verhinderte die Verbindung von Sanktionen und positiven Anreizen. Die intransigente Haltung der irakischen Führung bezüglich der Inspektionen trug dazu bei, das Misstrauen zu erhöhen. Die harte Haltung der USA führte zur Verschärfung des Inspektionsregimes. Iraks Angaben über die Bestände an atomaren, biologischen und chemischen Waffen sind unvollständig. Dies schafft Unklarheit über die wirkliche Realisierung der Abrüstungsbestimmungen von SR 687 (91). Die unterschiedlichen politischen Motive und Wertungen erschweren eine Entscheidung über die evtl. Aufhebung der Sanktionen bzw. über die Notwendigkeit erneut militärische Sanktionen zu verhängen. Die neuen Berichte von UNMOVIC sollen zur Klärung beitragen.

Die bisherigen begrenzten Resultate der UNMOVIC-Inspektionen sind nicht ausreichend um Irak des Verstoßes gegen SR-1441 (01) zu bezichtigen. Der Eindruck verstärkt sich, dass die USA auf militärische Sanktionen drängen, aber andere Mitglieder der VN/SR dies nicht für angemessen halten.

4 Die Durchsetzung multilateraler ökonomischer Sanktionsregime

4.1 Der Mechanismus der Vereinten Nationen

Die Effektivität MÖSR hängt neben der Festlegung klarer Ziele und adäquater Sanktionen von der Durchsetzung der Zwangsmaßnahmen ab. Die kollektive Intervention erfordert entsprechende nationale Maßnahmen (Art. 25 SVN). Die MGS müssen in ihre nationalen Rechtssysteme entsprechende Regelungen aufnehmen[13] und den VN/SR informieren (Art. 48 SVN). Im Falle der BRD bestehen Zuständigkeiten der EG für Handels- und Finanzsanktionen. Der Rat der EU erarbeitet gemeinsame Positionen und organisiert gemeinsame Aktionen. Die rechtlichen Beschlüsse sind für die EU/MGS verbindlich. Bei Annahme eines MÖSR im VN/SR wird ein Sanktionsausschuss gebildet, der die Durchführung der Sanktionen überwacht. Der Sanktionsausschuss ermittelt Sanktionsverletzungen und übernimmt administrative Aufgaben wie die Durchführung humanitärer Ausnahmeregelungen.

Im Falle des MÖSR/Irak übernahm der Sanktionsausschuss die Prüfung von Berichten der MGS über die Realisierung der Sanktionen und erstellte eine Datenbasis über nationale Maßnahmen. Mit SR-Res. 665 (90) wurde eine maritime Blockade errichtet. SR-Res. 670 (90) beauftragte den Sanktionsausschuss mit der Prüfung von Notifikationen der Staaten zur Einhaltung der Flugverbote. Der Sanktionsausschuss übernahm auch die Prüfung der Anträge von betroffenen Drittstaaten für Kompensationszahlungen (Art. 50

---

13 Geiger, "Grundgesetz und Völkerrecht", 3. Auflage, Verlag C. H. Beck, München 2002.

SVN). Nach der Annahme des Öl für Lebensmittelprogrammes setzte der Sanktionsausschuss das Regime humanitärer Ausnahmen durch (Genehmigungen von Importen). Für den finanziellen Kompensationsmechanismus (Nutzung von Exporterlösen zur Kompensation für Schäden und zur Deckung der Kosten für VN-Aktivitäten) wurde ein gesondertes Arrangement festgelegt.

Die VN muss auch internationale Überwachungssysteme organisieren und finanzieren sowie die nationalen Maßnahmen koordinieren.

Die Erfahrungen mit der Durchsetzung MÖSR hat die VN veranlasst, ihr administrativen Kapazitäten zu verstärken und die Verfahren zu verbessern. Neue institutionelle Regelungen wurden eingeführt. Der von VN/GS Boutros Ghali in der "Agenda for Peace" (A/50/60) geforderte "permanente UN-Sanktionsmechanismus" wurde nur teilweise realisiert. Die erreichten prozeduralen Verbesserungen betreffen z. B. den Zugriff auf Entscheidungen der Sanktionsausschüsse durch alle VN/MGS und die verbesserte Aussagekraft von VN-Berichten zu einzelnen Aspekten von Sanktionsregimen.

4.2 Nationale und internationale Maßnahmen

Die praktische Umsetzung MÖSR erfolgt durch nationale Maßnahmen der VN/MGS. Die vom VN-SR beschlossenen Sanktionen müssen zunächst Bestandteil der nationalen Rechtsordnung werden (s. Ausführungen in 4.1). Dies betrifft verschiedene Typen von Sanktionen. Die verschiedenen Sanktionstypen erfordern unterschiedliche rechtliche Regelungen, die z. B. Exportverbote regeln, Kapitalflüsse regulieren, Transportleistungen untersagen etc. Dies erfordert z. T. neuartige, detaillierte Regelungen. Dies gilt besonders für die Anwendung smarter, gezielter Sanktionen.[14]

Die Einführung nationaler Überwachungs- und Kontrollsysteme ist erforderlich, um die Sanktionen durchzusetzen und Sanktionsverletzungen festzustellen. Dies erfordert z. T. schwierige Koordination auf nationaler, aber auch auf internationaler Ebene. Neben dem erforderlichen politischen Willen bedingt das erhebliche rechtliche Kompetenz und administrative Kapazitäten. Diese Voraussetzungen sind in vielen VN/MGS nicht gegeben. Das behindert die effektive Durchsetzung der vom VN/SR beschlossenen MÖSR. Die Durchsetzung wird auch behindert durch spezielle ökonomische Interessengruppen auf nationaler Ebene, deren unmittelbare Interessen durch die Sanktionen berührt werden. Dies führt zu politischen Druck auf die Regierungen bzw. zu Verstößen gegen nationale Regelungen.

Spezielle internationale Kontrollsysteme ergänzen die nationalen Kontrollen. Dies erfordert die Finanzierung und Operation solcher Kontrollsysteme. Die Handelssanktionen gegen den Irak wurden z. B. durch ein maritimes Kontrollsystem überwacht. Die Irakblockade durch Schiffe der USA, Großbritannien, Frankreich und Russland stoppte potenzielle Sanktionsverletzungen. Ähnliche Maßnahmen kontrollierten die Lufttransporte.

Die Durchsetzung von Waffenembargos erfordert nicht nur nationale Grenzkontrollen, sondern internationale Inspektionen auf dem Territorium des Zielstaates (z. B. UNSCOM und UNMOVIC im Irak).

---

14 Die Schweizer Regierung (Interlaken Prozess) hat Expertengruppen damit beauftragt, die Umsetzung von Finanzsanktionen zu untersuchen. Die deutsche Regierung (Bonn/Berlin Prozess) hat die Anwendung von Waffenembargos und Reisebeschränkungen analysiert. S. dazu Brzoska, "Smart Sanctions – New Steps" Nomos Verlagsgesellschaft Baden-Baden 2001.

Die Erfahrungen mit bisher durchgeführten MÖSR und den entsprechenden nationalen und internationalen Kontrollsystemen müssen systematisch ausgewertet werden. Dies erlaubt effektive Festlegungen für konkrete Fälle der Durchsetzung kollektiver ökonomischer Zwangsmaßnahmen in der Zukunft.

5 Trends und Merkmale durchgeführter multilateraler ökonomischer Sanktionsregime

5.1 Trends in den 90er-Jahren

Das Ende des Ost-West-Konflikts verringerte Blockaden der VN/ SR. Dies führte zur vermehrten Nutzung des VN/SKS und die kollektiven ökonomischen Zwangsmaßnahmen wurden in einer Vielzahl von sicherheitsbedrohenden Konflikten angewandt. Dies betraf die folgenden Zielstaaten: Irak, Jugoslawien, Libyen, Liberia, Somalia, Kambodscha, Haiti, Angola, Ruanda, Sudan, Sierra Leone und Afghanistan. Die Konflikte hatten unterschiedliche Ursachen und Dimensionen. Dem entsprechen differenzierte MÖSR.

Folgende Trends lassen sich bestimmen:

- Die Ziele der MÖSR sind oft nur vage definiert. Die Auswahl der Sanktionsmaßnahmen basiert nicht auf einer umfassenden Analyse des Zielstaates. Die Durchsetzung von ökonomischen Sanktionen hat erheblichen negativen Einfluss auf die ökonomische Situation der Zielstaaten.

- Die Annahme, dass sich negative ökonomische Wirkungen, über politischen Druck der Zivilgesellschaft, auf die politischen Entscheidungsträger der Zielstaaten in verändertes sicherheitspolitisches Verhalten umsetzt, traf oft nicht oder nur teilweise zu.

- Die ökonomischen Sanktionen und deren ökonomischen Wirkungen im Zielstaat verschlechterte oft die soziale Lage der schwächsten Bevölkerungsgruppen. Diese sozialen Wirkungen können, gemäß dem Zwangscharakter ökonomischer Sanktionen, nicht vollständig vermieden werden. Humanitäre Ausnahmeregelungen und gezieltere Sanktionen können diese sozialen Probleme verringern.

- Die Anwendung smarter, direkt auf die politische Führung des Zielstaates gerichtete Sanktionen nahm zu. Es wurden Anstrengungen unternommen, diese Instrumente zu verbessern.

- Die Konflikttypen ändern sich in ihrem relativen Anteil. Innerstaatliche Konflikte nehmen gegenüber zwischenstaatlichen Konflikten zu.

- Das VN/SKS und die rechtliche Regelung ökonomischer Zwangsmaßnahmen ist auf die Sicherheitsbedrohung zwischenstaatlicher Konflikte ausgerichtet. Der Einsatz MÖS bei innerstaatlichen Konflikten ist begrenzt auf Konflikte mit internationalen Bezug. Der Einsatz MÖS ist schwierig bei Konflikttypen wie terroristische Aktivitäten nichtstaatlicher Gruppen bzw. in so genannten "failed states", d. h. in Staaten, in denen die staatlichen Strukturen zusammengebrochen sind.

- Die Nutzung von MÖS in innerstaatlichen Konflikten mit geringem internationalen Bezug ist völkerrechtlich nicht geregelt. Dies beschränkt die Nutzung MÖS in diesen Fällen.

- Die administrativen analytischen und logistischen Kapazitäten der VN, obwohl verstärkt, entsprechen nicht den komplexen Anforderungen MÖSR. Entsprechende Vorschläge werden nur schrittweise realisiert.

- Die rechtlichen Kompetenzen und administrativen Kapazitäten vieler Staaten reichen nicht für die Durchsetzung und Kontrolle MÖSR.

Box 13: VN-Sanktionen 1990–2000

Fall	umfassende Handelsaktionen	Finanz-sanktionen	Rohstoff-sanktionen	Transport-sanktionen	Waffen-embargo	Diploma-tische Sanktionen
Irak 1990–	x	x	x	x	x	x
Jugoslawien 1991/1992–95	x	x	x	x	x	x
Somalia 1992					x	
Libyen 1992–95				x	x	
Kambodscha 1992			x			
Haiti 1993		x	x	x		
Ruanda 1994					x	
Sudan 1996						x
Sierra Leone 1997				x	x	
Jugoslawien 1998					x	
Afghanistan 1999		x		x		
Äthiopien/Eritrea 2000					x	

- Die Wirkung MÖS auf das sicherheitspolitische Verhalten der Zielstaaten ist differenziert. In Fällen schwerer Verstöße gegen die Prinzipien und Normen zwischenstaatlicher Kooperation sind ökonomische Sanktionen oft nicht die Alternative, sondern die Ergänzung zu militärischen Sanktionen.

Diese allgemeinen Trends in der Anwendung haben bereits zu Veränderungen beim Entwurf und der Durchsetzung MÖSR geführt. Weitere Schritte sind notwendig, um dieses Instrument der kollektiven Sicherheit und seine Wirkung zu verbessern.

5.2 Erfahrungen mit multilateralen ökonomischen Sanktionsregimes

Die in 5.1 angeführten allgemeinen Trends in de Anwendung MÖSR hat bereits zu einzelnen Innovationen im Entwurf und der Durchsetzung MÖSR geführt. Box 14 veranschaulicht die wesentlichen Neuerungen.

Box 14: Innovative Maßnahmen im multilateralen ökonomischen Sanktionsregime

1. Verstärkte Anwendung smarter, auf die politische Führung des Zielstaates gerichtete Sanktionen sowie selektive Anwendung einzelner Sanktionstypen
2. Einrichtung von Sanktionsausschüssen und Festlegung ihrer Aufgaben und Verfahren
3. Einsetzung spezieller Untersuchungsausschüsse
4. Benennung von Sanktionsverletzern
5. Präzisierung der Ziele und Festlegung eines Zeitrahmens
6. Einbeziehung privater Organisationen in die Durchsetzung MÖS

7. Technische Hilfe zum Ausbau nationaler Rechts- und Kontrollsysteme
8. Festlegung humanitärer Ausnahmeregelungen
9. Erarbeiten von Vorschlägen für einen Kompensationsmechanismus für betroffene Drittstaaten

Die gemachten Erfahrungen mit verschiedenen MÖSR offenbaren den komplizierten Wirkungsmechanismus und den Einfluss zahlreicher Faktoren. Die oft behauptete Erfolglosigkeit bzw. sogar eines kontraproduktiven Einflusses von Sanktionen entspricht nicht den Realitäten und geht oft von falschen Wertungen aus. Die unmittelbare Wirkung (ökonomische Folgen) ist von der mittelbaren Wirkung (sicherheitspolitische Folgen) zu trennen. Die Umsetzung ökonomischer Wirkungen in verändertes sicherheitspolitisches Verhalten unterliegt weiteren Einflussfaktoren. Dementsprechend sind die Maßstäbe für die Bewertung der Ergebnisse bzw. des Erfolges von MÖSR differenziert anzuwenden. Der beabsichtigte negative ökonomische Effekt von MÖS im Zielstaat muss als Teil des Gesamtprozesses gesehen und gewertet werden. Box 15 zeigt die Wirkung einzelner MÖSR.

Die Auswahl der Sanktionstypen steht in Beziehung zur Konfliktsituation (Bedrohungsanalyse), den Zielen der MÖSR und der ökonomischen und politischen Lage im Zielstaat. In zwei Fällen (Irak, Jugoslawien) wurden umfassende ökonomische Sanktionen festgelegt. Sie zeitigten erhebliche negative ökonomische Wirkung und führten zu maßgeblichen Korrekturen in der Sicherheitspolitik und damit der Reduzierung der Friedensbedrohung. Umfassende, strikt durchgesetzte MÖSR erfordern höheren Aufwand, haben aber gute Erfolgsaussichten. Minimale Sanktionen (Sudan, Liberia, Ruanda) sind oft mehr symbolischer Natur ohne reale Wirkung. Selektive, gezielte Sanktionen versprechen bessere Resultate. Ein in jedem Fall anwendbares generelles Konzept gibt es nicht. Die MÖSR

Box 15: Bewertung multilateraler ökonomischer Sanktionsregime

Zielstaat Sanktionstypen	Sicherheitspolitische Resultate (Bewertung: hoch, mäßig, niedrig, nicht vorhanden)	Humanitäre Wirkung	Spezielle Faktoren
Irak 1991 umfassende Sanktionen 1991–2002	mäßig-hoch Von 8 Forderungen der SR 687 (91) wurden sechs realisiert. Die Abrüstungsmaßnahmen wurden teilweise realisiert. Die militärische Bedrohung durch den Irak wurde verringert.	starke negative soziale Folgen	• langdauernde Sanktionen • Ergänzung durch militärische Sanktionen • humanitäre Ausnahmeregelungen
Jugoslawien 1991, 1992 und 1998 umfassende Sanktionen, Waffenembargo	mäßig-hoch Die MÖS erzwangen die Dayton-Abkommen	hoher ökonomischer, aber relativ geringer sozialer Einfluss	• Ergänzung durch NATO-Militärmaßnahmen • effektives Kontrollsystem (EU)
Libyen 1992 • Luftfahrtsanktionen • Verbot für Importe von Erdölausrüstungen • Einfrieren Konten	mäßig-hoch • Sanktionen führten zur Auslieferung von Terroristen • Libyen reduzierte Unterstützung für int. Terrorismus	keine erheblichen sozialen Wirkungen	• Auf Druck der OAS und arabischen Liga flexible Anwendung der Sanktionen

Fortsetzung Box 15

Zielstaat Sanktionstypen	Sicherheitspolitische Resultate (Bewertung: hoch, mäßig, niedrig, nicht vorhanden)	Humanitäre Wirkung	Spezielle Faktoren
Kambodscha 1992 • Ölembargo • Exportembargo für Holz und Mineralien	mäßig Sanktionen schwächten Regime	keine wesentlichen Wirkungen	• zusätzlich FEM/VN
Somalia 1992 Waffenembargo	niedrig • nur begrenzte Wirkung • Waffenstillstand kurzfristig	keine zusätzlichen Wirkungen	• geringer Erfolg FEM/VN
Ruanda 1992 Waffenembargo	keine • Waffenembargo zu spät	katastrophale Zahl von Opfern, aber keine Folge von MÖS	• Verbindung zu Konflikt in Angola, Kongo

müssen für jeden Konfliktfall auf der Grundlage von Analysen speziell gestaltet werden.

Die mangelhafte Durchsetzung von MÖSR ist ein hemmender Faktor. Die Erfahrungen mit gezielten Sanktionen sind noch begrenzt. Ihre Wirksamkeit hängt von der strikten Durchsetzung ab. Das beweisen die Fehlschläge mit gezielten Waffenembargos in Sierra Leone, Somalia, Liberia und Ruanda. Gezielte Sanktionen versprechen bei strikter Anwendung direkten Einfluss auf die Entscheidungsträger. Dies dürfte deren Bereitschaft erhöhen friedensbedrohende Maßnahmen zu korrigieren. Die Festlegung von humanitären Ausnahmeregelungen verringern soziale Folgen für die schwächsten Bevölkerungsgruppen in den Zielstaaten. Dabei muss nach Festlegungen durch den VN/SR die VN die Kontrolle der Ausnahmeregelungen übernehmen, um Missbräuche in der Verteilung humanitärer Güter zu vermeiden. Das Beispiel Irak zeigt, dass dies oft auf den Widerstand der politischen Führung des Zielstaates trifft. Das Irak-Sanktionsregime weist auf die Notwendigkeit, die Ziele von MÖSR nicht ständig zu verändern und bei Erreichung von Teilzielen die teilweise Suspendierung der Sanktionen als positiven Anreiz vorzusehen. Das Sanktionsregime Jugoslawien zeigte die positive Wirkung effektiv koordinierter nationaler und internationaler Überwachungs- und Kontrollsysteme.

6 Perspektiven für wirksame multilaterale ökonomische Sanktionsregime

6.1 Der Entwurf und die Durchsetzung multilateraler ökonomischer Sanktionsregime

Die wesentlichen Erfahrungen mit MÖSR haben bereits die Richtung notwendiger Gestaltung und Durchsetzung MÖSR angezeigt. Es sollen hier nochmals kurz die entscheidenden Maßnahmen zusammengefasst werden. Dabei sind die Möglichkeiten und Grenzen MÖSR zu berücksichtigen. Dies ergibt sich aus der Tatsache, dass MÖS ein Instrument des SKS/VN sind. Die Typen von Sanktionen und ihre Wirkung sind eng mit dem SKS/VN verbunden. Sie können für analytische Zwecke hier gesondert behandelt werden. Dabei ist jedoch stets ihre Bindung an die Voraussetzungen des SKS/VN zu beachten. Das Zwangsinstrument ökonomische Sanktion ist Mittel zum Zweck. Es muss in seinem Nutzen für die Realisierung der Ziele des VN/SKS beurteilt werden.
Folgende Vorschläge sind relevant:

1. Die Verfahren zur Feststellung der Friedensbedrohung bzw. des Friedensbruches im VN-SR erfordern Präzisierungen. Es handelt sich um auf rechtlichen Normen basierende, politische Entscheidungen. Der Tatbestand der "Friedensbedrohung" lässt erheblichen Ermessensspielraum. Dies erfordert die Festlegung präziserer Kriterien für die Feststellung dieses Tatbestandes.

2. Die Anwendung ökonomischer Zwangsmaßnahmen bei innerstaatlichen Konflikten ohne direkten internationalen Bezug ist nicht klar geregelt. Es fehlen rechtliche Normen, die begründen,

ob innerstaatliche Konflikte Ausnahmen vom Interventionsverbot rechtfertigen. Die so genannte humanitären Interventionen müssen an klare Kriterien gebunden sein. Dies führt zu Spannungen, z. B. zwischen Normen der zwischenstaatlichen Beziehungen und innerstaatlichen Normen, z. B. bezüglich der Einhaltung von Menschenrechtsstandards oder der Behandlung von Minderheiten.

3. Die Ziele von MÖSR ergeben sich aus der Bewertung der friedensbedrohenden Politik der Zielstaaten. Die Ziele sind auf die Einhaltung völkerrechtlicher Normen, die Reduzierung der Konflikte und der Friedensbedrohung gerichtet. Die Ziele sollten in den Entscheidungen der VN-SR klar und eindeutig formuliert werden, um den Zielstaaten anzuzeigen, was das eigentliche Ziel der MÖS ist. Dabei wäre es zweckmäßig einen Zeitrahmen vorzugeben und positive Anreize bei Erreichen der Ziele bzw. Teilziele zum Bestandteil zu machen.

4. Die Auswahl des Umfangs und des Typs MÖS muss der Konfliktlage und der Friedensbedrohung angemessen sein. Die Annahmen über die unmittelbare Wirkung auf die Ökonomie des Zielstaates und die mittelbare Wirkung auf die Sicherheitspolitik der Zielstaaten müssen realistisch sein und auf gründlichen Analysen des ökonomischen und politischen Systems des Zielstaates basieren. Die Optionen sofortiger bzw. schrittweiser Durchsetzung der Sanktionen erfordern Überlegungen. Die Anwendung gezielter Sanktionen muss die Entscheidungsträger direkt treffen.

5. Humanitäre Ausnahmeregelungen sollten Bestandteil von MÖSR sein. Die Einführung eines "UN-Kompensationsmechanismus" mit einem Kompensationsfonds sollte den Ausgleich von Lasten und Verlusten betroffener Drittstaaten sichern. Die Erfassung

und Bewertung der Kosten/Verluste muss auf einheitlichen methodischen Richtlinien basieren. Die Funktion der internationalen Finanzinstitute in diesem Mechanismus ist eindeutig festzulegen.

6. Die VN-Mechanismen zur Realisierung von MÖSR sind weiter auszubauen. Dies betrifft analytische und administrative Kapazitäten. Die Regelungen zu humanitären Ausnahmen, zur Erfassung von Sanktionsverstößen und zur Wertung der Wirkungen müssen weiter verbessert werden. Die Praxis der Einsetzung spezieller Panels (Expertengruppen) für die Analyse und Bewertung einzelner MÖSR und die Erarbeitung spezifischer Maßnahmen zur Durchsetzung der MÖSR ist nützlich. Die bisherigen Panels für die MÖSR Irak, Ruanda, Angola, Sierra Leone, Afghanistan und Liberia haben detaillierte Vorschläge zur Durchsetzung von Waffenembargos, zum Verbot illegaler Waffentransporte, zur Anwendung von Rohstoffsanktionen, zur Bestrafung von Sanktionsverstößen und zur Stärkung der Kontrollsysteme gemacht.

7. Die Stärkung der nationalen und internationalen Überwachungs- und Kontrollsysteme erfordert die Stärkung der rechtlichen und administrativen Kapazitäten in den Mitgliedstaaten. Die Gewährung technischer Hilfe ist notwendig, um zumindest die Mindestvoraussetzungen zu schaffen.

6.2 Perspektiven multilateraler ökonomischer Sanktionsregime

Die Anwendung MÖS ist Teil der Realisierung der SKS/VN. Die Verbesserung ihrer Wirksamkeit als Instrumente kollektiver Intervention tragen zur kollektiven internationalen Sicherheit bei. Die Durchsetzung des SKS/VN ist an eine Reihe von Voraussetzungen gebunden. Die Erfüllung dieser Voraussetzungen bestimmt auch die Zweckmäßigkeit des Einsatzes ökonomischer Zwangsmaßnahmen. Diese müssen auch im Zusammenhang mit evtl. militärischen Sanktionsregimen gesehen werden. Die effektive Gestaltung und Durchsetzung von MÖSR kann friedensbedrohende Konflikte eindämmen. Damit kann dieses ökonomische Instrument u. U. die Notwendigkeit militärischer Zwangsmaßnahmen vermindern. Die Anpassung an neue Konflikttypen und die gezielte Nutzung spezieller Typen von Sanktionen wird die künftige Anwendung MÖSR prägen.

Die Gestaltung und Durchsetzung MÖSR erfordert differenzierte Analysen und Wertungen sowohl hinsichtlich der Zielformulierung, der Sanktionsmaßnahmen, der Umsetzung, der Kontrolle und möglicher Nebenwirkungen. Die rechtlichen Regelungen sowie die konzeptionellen und operativen Fragen der Durchsetzung MÖSR werden die VN in ihren Aktivitäten zur Friedenssicherung und Konfliktlösung vor neue Aufgaben stellen. Dies ergänzt die Maßnahmen der friedlichen Streitbeilegung und die friedenserhaltenden Maßnahmen.

Die Wertung der Wirkung MÖSR muss auch die Kosten/Folgen der Alternativen, nämlich Nichthandlung und Fortbestehen der Friedensbedrohung bzw. militärische Sanktionen einbeziehen.

Literaturverzeichnis

1. Archer: "International Organizations", Third Edition, Routledge, London/New York 2002
2. Andersen/Woyke: "Handwörterbuch Internationale Organisationen", Leske/Budrich, Opladen 1995
3. Baylis/Smith: "The Globalization of World Politics", Second Edition, Oxford University Press 2001
4. Baldwin: "Economic Statecraft", Princeton University Press, 1991
5. Beck: "International Law and the Use of Force", Routledge, London/New York 1993
6. Bauer: "Friedenssicherung nach Kap. VII SVN", Schriften zum Völkerrecht, Bd. 127, Berlin 1996
7. Baehr/Gordenker: "The United Nations of the End of the 1990's", Third Edition, St. Martins Press, New York 1999
8. Benett: "International Organization", 4th Edition, Prentice Hall Englewood Cliffs, New Jersey, 1988
9. Beise: "Die Welthandelsorganisation", Nomos Verlagsgesellschaft, Baden-Baden, 2001
10. Beck: "International Rules", Oxford University Press, 1996
11. Bothe: "Völkerrecht", 2. Auflage, Walter der Gruyter, Berlin/New York, 2001
12. Bailey: "The Procedure of the UN-Security Council", Third Edition, Oxford, UK Clarendon, 1998
13. Czempiel: "Die Reform der UNO", Verlag C. H. Beck, München 1994
14. Cortright/Lopez: "Sanctions and the Search for Security", Lynne Riener Publishers Boulder, Colorado, 2002

15. Cortright/Lopez: "The Sanctions Decade", Lynne Riener Publishers Boulder, London, 2000
16. Czempiel: "Weltpolitik im 21. Jahrhundert", Verlag C. H. Beck, München 2001
17. Carlsnaes: "Handbook of International Relations", Sage Publications, London 2001
18. Claude: "Swords into Plowhares", Random House, New York, 1984
19. Cooker: "International Administration", Nijhoff Publisher, Boston/London, 1990
20. Diehl: "The Politics of Global Governance", Lynne Riener Publishers, London, 1997
21. Dicke: "Vereinte Nationen", Westdeutscher Verlag, Wiesbaden 2003
22. Damrosch: "Enforcing Restraint", Council on Foreign Relations, New York, 1993
23. Doxey: "Contemporary Perspective on Sanctions", Second Edition, Mc Millan Press, London, 1996
24. Doxey: "Economic Sanctions and International Enforcement", 2nd Edition, Mc Millan Press, London, 1980
25. Downs: "Collective Security beyond the Cold War", Ann Arbor University Press, Michigan 1993
26. Deutsche Bundesbank: "Weltweite Organisationen im Bereich von Währung und Wirtschaft", Frankfurt a. M., 1997
27. Ehrhardt: "UN-Friedenssicherung", Nomos Verlagsgesellschaft, Baden-Baden 1996
28. Field/Jordan: "International Organizations", Third Edition, Praeger, London 1994
29. Frei: "Das VN-System", Zürich, 1999
30. Faust: "Effektive Sicherheit", Westdeutscher Verlag, Wiesbaden, 2002
31. Fedowski: "Internationale Politik im 21. Jahrhundert", W. Fink Verlag, München, 2002

32. Fink: "Friedenssicherung", Peter Lang Verlag, Frankfurt a. M., 1999
33. Freudenschuss: "Beschlüsse des Sicherheitsrates nach Kap. VII SVN", Bonn, 1995
34. Eitel: "VN-Sanktionsausschüsse", Zeitschrift DGVN, 3/1997
35. Fleischhauer: "Wirtschaftliche Zwangsmaßnahmen in Recht und Praxis der VN", Zeitschrift DGVN, 2/91
36. Gilpin: "The Global Political Economy", Princeton University Press, 2001
37. Gareis/Varwick: "Die Vereinten Nationen", Leske/Budrich, 2. Auflage, Opladen 2002
38. Gabriel: "UNO-Friedenssicherung", St. Gallen 1993
39. Geiger: "Grundgesetz und Völkerrecht", Verlag C. H. Beck, München, 2002
40. Hasenclever, Mayer, Rittberger: "Theories of International Regimes", Cambridge University Press, 1993
41. Hoekman: "The Political Economy of the World Trading System", Oxford University Press, 2001
42. Hüfner, "Die Reform der Vereinten Nationen", Leske + Budrich, Opladen, 1994
43. Herdegen: "Völkerrecht", Verlag C. H. Beck, München, 2000
44. Hufbauer, Elliott, Schott: "Economic Sanctions Reconsidered", Institute for International Economics, Washington, 1992
45. Hasse: "Theorie und Politik des Embargos", Köln, 1977
46. Ipsen: "Völkerrecht", Verlag C. H. Beck, München, 1999
47. Jaberg: "Systeme kollektiver Sicherheit", Westdeutscher Verlag, Baden-Baden 1998
48. Krasner: "International Regimes", Cornell University Press, Ithaca/London, 1986
49. Keohane: "International Institutions and State Power", Westview Press Boulder, Colorado, 1991

50. Knight: "A Changing United Nations", New York, Palgrave, 2000
51. Knapp, Krell: "Einführung in die Internationale Politik", Oldenbourg Verlag München/Wien, 1996
52. Kaul: "Global Public Goods", Oxford University Press, New York, 1999
53. Kulessa: "Von Märchen und Mechanismen", Zeitschrift DGVN, Bonn 3/1996
54. Lorenzmeier: "Völkerrecht", Springer Verlag, Berlin-Heidelberg, 1993
55. Kokottma: "Grundzüge des Völkerrechts", C. T. Müller, Heidelberg, 2000
56. Lailach: "Die Wahrung des Weltfriedens und der internationalen Sicherheit als Aufgabe des Sicherheitsrates", Berlin 1998
57. Leggewie: "Politik im 21. Jahrhundert", Suhrkamp-Verlag, Frankfurt a. M., 2001
58. Lutz: "Gemeinsame Sicherheit", WDV, Baden-Baden, 1986
59. Käempfer: "International Economic Sanctions", Boulder Westview Press, 1992
60. Müller: "Die Chancen der Kooperation", Wissenschaftliche Buchgesellschaft, Darmstadt, 1993
61. Meerhaeghe: "International Economic Institutions", Fifth Edition, Nijhoff Publisher, Boston/London, 1987
62. Mingst: "The United Nations in the Post Cold War Era", 2nd Edition, Boulder Westview Press, 1992
63. Mendez: "International Public Finance", Oxford University Press, New York, 1992
70. Martin: "Coercive Cooperation", Princeton University Press, 1991
71. Mitrany: "The Problem of International Sanctions", Oxford University Press, 1925
72. Merrills: "International Dispute Settlement", Cambridge University Press, 1998

73. Nayak: "Governing Globalization", Oxford University Press, 2002
74. Opitz: "Vereinte Nationen", W. Fink Verlag, München, 2003
75. Opitz: "Weltproblem im 21. Jahrhundert", W. Fink Verlag, München, 2001
76. Rittberger: "Internatonale Organisationen – Politik, Geschichte", 3. Auflage, Leske & Budrich, Opladen, 2003
77. Rittberger: "Global Governance and the UN-System", UNU Press, Tokio/New York, 2001
78. Rittberger: "Vereinte Nationen und Weltordnung", Leske & Budrich, Opladen, 1997
79. Reinicke: "Global Public Policy", Brookings Institution, Washington DC, 1998
80. Seidl-Hohenveldern: "Das Recht internationaler Organisationen", Wien 1992
81. Reinalda: "Autonomous Policy Making in International Organizations", Routledge, London/New York, 1998
82. Senti: "WTO-Regulation of World Trade", Schultheiss Verlag, Zürich, 1998
83. Rittberger: "Regime Theory and International Relations", Clarendon Press, Oxford, 1995
84. Mendlowitz: "The United Nations and a Just World Order", Westview Press Boulder, Colorado, 1991
85. Roberts: "United Nations – Divided World", Clarendon Press, Oxford, 1993
86. Von Schorlemmer: "Handbuch Vereinte Nationen", Springer Verlag, Heidelberg, 2002
87. Scholz: "Durchsetzung von Zwangsmaßnahmen nach Art. 41 SVN", Hochschulschriften Rechtswissenschaften, Frankfurt a. M., 1998
88. Straubhaar: "Sicherheit in einer neuen Etappe", Wien, 1996
89. Siedschlag: "Neorealismus, Neoliberalismus und postinternationale Politik", Westdeutscher Verlag, Opladen, 1997

90. Taylor: "International Organizations in the Modern World", Pinter, London/New York, 1998
91. Trebilcek: "The Regulation of International Trade", Routledge, London, 2001
92. Taylor, Groom: "The United Nations at the Millennium", London, Continium 2001
93. Thakur: "New Millennium – New Perspectives", UNU Press, Tokio/New York, 2000
94. Thompson: "Approaches to Peace", United States Institute for Peace, Washington DC, 1999
95. Unser: "Die UNO", Deutscher Taschenbuch Verlag, München, 1997
96. Volger: "Lexikon der Vereinten Nationen", R. Oldenbourg Verlag, München/Wien, 2000
97. Wolfrum: "Handbuch der Vereinten Nationen", Verlag C. H. Beck, München 1991
98. Woytke: "Handwörterbuch Internationale Politik", Leske & Budrich, Opladen, 2000
99. Ziring u. a.: "The United Nations", Third Edition, Thompson Learning, 2000
100. Volger: "Die Vereinten Nationen", Oldenbourg Verlag, München, 1994
101. White: "The United Nation System", Lynne Riener Publishers Boulder, Colorado, 2002
102. White: "The United Nations and the Maintenance of International Peace", Manchester University Press, 1997
102. White: "Keeping the Peace", Manchester University Press, 1993
104. UN Doc. A/50/322 vom 3. August 1995, Paper Netherlands/Australia, on United Nations Sanctions
105. Stremlau: "Sharpening International Sanctions", Carnegie Cooperation, New York, 1996
106. VN, "Agenda for Peace", New York, 1995

107. VN, "Agenda for Development", New York, 1997
108. VN, "The UN and the Irak-Kuwait Conflict", New York, 1995
109. Rudolf: "Zweischneidig aber nützlich – Wirtschaftssanktionen in der Internationalen Politik", SWP Ebenhausen, 1995
110. Kaul: "Die Sanktionsausschüsse der VN", Zeitschrift DGVN, Bonn 3/1996
111. Doc.-VNA/55/305, S/2000/808, Brahimi Report. Bewertung der friedenserhaltenden Maßnahmen
112. Malone: "Decision Making in the UN Security Council", Clarendon Press, New York, 1998
113. Sarooshi: "The United Nations and the Development of Collective Security", Oxford University Press, New York, 1998
114. Weiss: "Collective Security in a Changing World", Boulder, Lynne Riener Publisher, 1993
115. Jacobsen: "Networks of Interdependence – International Organisations und the Global Political System", 2nd Edition, New York, Knopp, 1984
116. Whitman: "Peace Keeping and the UN-Agencies", Frank Cass, London, 1999
117. Simma: "The Charter of the United Nations", Oxford University Press, 1994
118. Kaempfer, Lowenberg: "International Economic Sanctions", Westview Press Boulder, 1992
119. Nincic, Wallensteen: "Dilemmas of Economic Coercion", Praeger, New York, 1983
120. Leyton-Brown: "The Utility of International Economic Sanctions", London Croom, 1987
121. Knorr: "The Power of Nations", New York Basic Books, 1975
122. Brzoska: "Smart Sanctions – Next Steps", Nomos VG, Baden-Baden, 2001
123. Knipping, v. Mangold, Rittberger: "Das System der Vereinten Nationen", Beck Verlag, München, 1995

124. Dicke: "Die Intervention mit wirtschaftlichen Mitteln im Völkerrecht", Nomos Verlagsgesellschaft, Baden-Baden, 1978